AF500761

FEUILLETS

SUPPLÉMENTAIRES

DE L'AGENDA

DU GOUVERNEMENT,

SUIVIS

D'UN EXAMEN CRITIQUE

DE LA CHARTE DE 1830;

PAR

M. AMÉDÉE DE TISSOT.

PARIS,

BARBA, ET LES PRINCIPAUX LIBRAIRES

DU PALAIS-ROYAL.

1831

Imprimerie de ALFRED COURCIER,
rue du Jardinet, n° 12.

FEUILLETS

Supplémentaires

DE L'AGENDA

DU GOUVERNEMENT,

PROPOSÉS RESPECTUEUSEMENT

A S. M. LE ROI DES FRANÇAIS.

SIRE,

Si la plupart des Français ont fermé les yeux sur le despotisme et les fautes de Bonaparte, ce n'est pas seulement parce que ses conquêtes ont flatté leur amour-propre : abstraction faite du bouillant courage des troupes françaises et des talens militaires de ce grand homme ; il n'est pas très difficile de faire invasion chez les peuples voisins, quand on sacrifie des millions d'hommes. Ce n'est pas seulement parce qu'il a doté la patrie d'un Code civil auquel il a coopéré ; parce qu'il a relevé les autels du culte catholique, dont les esprits éclairés ne sont pas très entichés ; c'est aussi parce qu'il a su mériter l'attachement des Parisiens par de nombreux travaux, qui ont frappé tous les yeux et montré en saillie la grande figure du bienfaiteur du peuple et de l'habile administrateur.

L'assainissement, l'embellissement de Paris ont fait, sous son règne de courte durée, plus de progrès que sous le sceptre de dix rois légitimes, ses insoucians prédécesseurs. Les nombreux quais qu'il a fait établir, les marchés couverts, les rues de Rivoli et de Castiglione, où le peuple trouve un abri contre les intempéries des saisons, contribuaient à faire chérir son nom ; et l'affection que lui portaient les Parisiens lui conciliait celle de toute la France.

Votre Majesté, dont la maison était déjà, avant son avènement au trône, une administration modèle, composée de personnes assidues à leurs travaux, unissant l'activité à la politesse du cœur; Votre Majesté, dis-je, a supprimé dans la maison du Roi tout ce qu'elle a considéré comme superfluité; elle saura choisir des hommes dignes d'être les interprètes de ses volontés et de ses sentimens; mais elle ne se dissimule pas que la Charte de Louis XVIII, légèrement modifiée comme elle vient de l'être, est insuffisante pour notre époque. Le Français paraît ne plus vouloir se contenter d'un Roi qui, constitutionnellement parlant, ne peut faire mal. L'effervescence actuelle des esprits semble demander un Roi infatigable à faire le bien, qui améliore et même refonde plusieurs de nos institutions, et laisse partout des traces brillantes de son activité (*).

Dans l'état de civilisation où les peuples sont parvenus, aucune nation européenne ne doit chercher à faire des conquêtes sur ses rivales. Il n'est aucun souverain qui n'ait plus de sujets qu'il n'en peut rendre heureux; il faut donc

---

(*) C'est bien cette intention que Votre Majesté a exprimée en disant : « la royauté n'est plus une si- » nécure ».

tourner la fougue populaire vers des objets d'administration intérieure d'une utilité manifeste, et calmer les inquiétudes ou tromper l'avidité des nations étrangères, en faisant de la France une administration et un peuple modèles, placés au sommet de la civilisation.

Ce n'est point inutilement que le ciel a voulu que Votre Majesté s'instruisît par elle-même des mœurs, des lois et des usages d'un grand nombre de peuples de l'Europe et de l'Amérique. Ces longues années d'épreuve sont la base sur laquelle il a voulu fonder le bonheur de la patrie.

Le retour des Bourbons a coûté à la France 800 millions, payés aux étrangers, qui l'ont mutilée et démembrée, non compris le milliard de l'indemnité. Maintenant qu'une secousse aussi violente vient d'opérer un changement de dynastie, j'estime qu'un emprunt successif de 400 millions n'est pas trop pour absorber l'excès d'activité de la population, et pour donner à la situation de la France tout l'éclat et toute la stabilité que son avenir réclame.

J'ai parlé d'un emprunt successif; il pourrait être de 100 millions par année pendant quatre ans, et consacré, sauf plus exact examen, ainsi que suit, savoir :

Cent millions à l'embellissement et surtout à l'assainissement de Paris, pour lequel on établirait un nouveau plan général d'après lequel la plus grande partie de la Capitale serait rebâtie d'une manière conforme aux exigences de l'hygiène et de la commodité publique. J'indiquerai plus bas quelques-unes de mes vues à cet égard.

La ville de Paris serait mise à même de rembourser cet emprunt, contracté à un taux modéré sous la garantie de l'État et avec hypothèque sur les terrains qu'elle achèterait, soit par l'acquisition des maisons et portions de quartiers qu'elle pourrait revendre ou louer avec bénéfice après les avoir reconstruits, soit par de nouveaux impôts somptuaires, par exemple, sur les chevaux et voitures de luxe, les billards, la livrée, etc., ainsi que je l'ai proposé dans mon *Projet de Société pour l'assainissement de Paris*, et dans *Paris et Londres comparés*. L'impôt sur les voitures sera bien basé, puisqu'il porte essentiellement sur la vanité des gens riches, et que l'effet le plus ordinaire de cette vanité est d'assourdir, d'éclabousser et souvent d'écraser impunément les gens à pied, qui ont la bonté de ne pas leur rendre la pareille. (1)

Deux cents millions pour rendre les routes de France plus belles et aussi commodes que celles de l'Angleterre; pour faciliter l'établissement de nouveaux canaux et de routes en fer; pour la réparation des places fortes et la consolidation de notre système de défense du côté du Rhin, de la Belgique et de la Suisse; pour protéger les théâtres considérés comme écoles de civilisation, de langue et de prononciation françaises, de tenue, de grâces, de musique, de chant, de danse, et accélérer les progrès des sciences, des arts et des lettres. L'homme rare qui ne demande qu'à vivre dans la postérité, a souvent besoin de l'appui du gouvernement pour soutenir son existence actuelle que lui-même oublie. Enfin, cette somme pourrait servir à faciliter des expéditions scientifiques et commerciales dans l'Afrique, etc.

C'est un grave inconvénient, inhérent à la nature de notre gouvernement représentatif, que les difficultés et les retards désespérans qu'éprouve la réalisation des projets les plus évidemment utiles. Il est heureux que la demande d'un prêt au commerce ait été enfin adoptée par les Chambres; mais les conséquences en auraient été bien plus fécondes, si cette avance avait eu lieu dès le mois d'août, tandis qu'à la fin d'octobre les 30 millions n'ont point encore été répartis! Un léger impôt sur le roulage pendant 30 ans suffirait aisément pour faire face à l'emprunt de 200 millions et pour l'éteindre. Il n'y aura là aucune charge réelle pour le roulage, qui pourra même trouver une économie sensible dans l'amélioration des routes, si, par exemple, au lieu d'employer six chevaux et dix jours pour effectuer un transport de marchandises, il suffit, après la restauration de nos chemins, de huit jours et de quatre chevaux, etc.

Cent millions avancés pour l'assainissement et l'embellissement des villes de province; pour l'établissement de nouvelles lignes télégraphiques; pour la fondation d'écoles qui assurent *à la totalité* des Français une certaine instruction élémentaire, etc. Pour faire face à cet emprunt, il suffira d'employer à son extinction une faible partie du nouvel impôt à destination spéciale que je propose sur les successions.

Dans mon ouvrage intitulé *Paris et Londres comparés*, j'ai fait remarquer combien la capitale d'Albion, sous les rapports de la propreté, de l'éclairage, de la salubrité, de la largeur des rues et de la sécurité des personnes à pied, est supérieure à l'obscure et fangeuse Lutèce.

Ce n'est pas M. le préfet de police Girod, du département de l'Ain (*), qui, ayant actuellement voiture, s'intéressera beaucoup à des mesures d'assainissement entièrement étrangères à ses études et à ses occupations habituelles. Ce ne sera pas un ancien avocat, M. Odilon Barrot, qui vraisemblablement ne s'est jamais occupé ni d'architecture, ni de la construction des villes, qui jugera quelles sont les rues qu'il faut élargir, celles qu'il faut percer, dans quels quartiers de nouvelles places sont nécessaires, et quels nouveaux règlemens doivent être publiés pour que la construction des maisons soit conforme

---

(*) M. Girod de l'Ain vient de donner sa démission ; il n'a rien fait du tout pour l'assainissement de Paris, qui est plus sale que jamais.

aux exigences de l'hygiène, et n'offre, sous le rapport des formes architecturales et des couleurs, que des masses régulières et agréables à l'œil. Pour tous ces objets importans, nos deux préfets sont obligés de s'en rapporter aux architectes de la ville et aux entrepreneurs, qui peut-être ne sont jamais sortis de leur pays, et chez lesquels on ne trouve ni invention ni goût. Ces gens-là sont, à tous égards, fort au-dessous de tous les autres artistes, et en général peu dignes de ce titre.

Il conviendrait d'instituer une *Direction de l'assainissement et de l'embellissement de Paris*, chargée de présenter *et de faire exécuter* des projets, plans et devis au Conseil municipal et au Ministère de l'Intérieur. Ce devrait être une des attributions importantes de son ministère, que de hâter les nombreuses améliorations que la Capitale réclame, et dont j'ai indiqué une partie dans *Paris et Londres comparés :* je crois devoir répéter ici ce que j'ai écrit à cet égard.

1°. « L'établissement successif de trottoirs » *dans toutes les rues de Paris*, en accor- » dant une prime aux propriétaires, qui » contribueraient par là à diminuer la dé-

» pense du pavage et à l'assainissement de la » Capitale ».

Mon intention serait de rendre l'établissement des trottoirs *obligatoire* et général dans Paris, comme il l'est à Londres. Qu'il me soit permis de citer à ce sujet mon poëme de l'*Albionade*, composé et imprimé à Londres.

Ces trottoirs, qui garans des jours du plébéien,
Prouvent qu'un peuple libre estime un citoyen (*).

On suit à Paris une méthode fort incommode pour la formation des trottoirs qu'on trouve devant telle ou telle maison, tandis que celles qui sont à côté s'en trouvent dépourvues; les journaux avaient annoncé qu'on en établirait dans la totalité des rues de Richelieu et Saint-Honoré; mais cette amélioration, qui eût été notable, n'a pas été effectuée. Enfin, c'est une chose désagréable pour les personnes à pied, que l'abaissement des trottoirs qui a lieu devant toutes les portes cochères. Il faudrait, dans ces

---

(*) Le petit nombre de trottoirs que nous avons sont beaucoup trop étroits, et donnent lieu à des désagrémens continuels et à des rixes fréquentes.

endroits, ne point abaisser le niveau du trottoir, mais y ajouter une double partie en talus pour faciliter l'entrée et la sortie des voitures, en plaçant dans le centre un conduit en fer pour l'écoulement des eaux de la cour dans la rue, à peu près comme on le fait aux portes bâtardes.

2°. De remplacer le pavé actuel, soit par la *mac-adamisation*, soit, encore mieux, par un pavé uni et bien cimenté.

Celui dont je propose la formation, et dont on entretiendrait avec soin la propreté, ferait qu'au lieu de glisser et de trébucher continuellement sur des pierres inégales et couvertes de glaise humide, délivré de la boue et de la poussière, on pourrait sortir à pied, vaquer à ses affaires, sans éprouver tous les désagrémens qui sont dus à la longue incurie de l'autorité.

Qui peut croire, en effet, que le gouvernement, et que du moins ces riches libéraux qui passent pour être les représentans du peuple, s'occupent de son bien-être, lorsque des projets d'amélioration *dont à chaque pas* il sent la nécessité, ne sont jamais pris en considération par des gens qui sont manifestement occupés de tout autre chose que du peuple? Il serait à souhaiter que, dès le mois de décembre prochain (2), l'on occupât provisoirement de travaux de ce genre, dans le centre de Paris, un grand nombre d'ouvriers; car c'est une chose digne de remarque et bien fâcheuse, que depuis la révolution de 1830 on n'aperçoit aucun vestige de travaux ayant pour objet d'améliorer le sort du peuple et d'offrir de l'occupation à des ouvriers dont le mécontentement pourrait avoir des suites funestes. (3)

3°. L'écoulement souterrain des eaux infectes, et d'autres établissemens réclamés par la propreté et par la décence, et au sujet desquels on pourrait au moins dire au conseil municipal:

« Auras-tu donc toujours des yeux pour ne point voir? »

4°. Le balayage quotidien de toutes les rues, places, boulevarts, trottoirs, etc. Il avait été question d'employer, à ce travail, des mendians; ce qu'ils aimeraient sans doute mieux que d'être enfermés dans une maison de refuge ou dans une prison, que leur infortune n'a point méritée.

5°. L'éclairage des rues par le gaz, à l'instar de Londres. Malgré les observations que j'ai présentées, dans ma brochure de *Paris et Londres comparés*, au sujet de la trop grande élévation et de l'excessif éloignement où l'on a placé les candelâbres de la rue de la Paix, dont, le premier, j'avais donné l'idée, on a continué, dans la rue Vivienne et ailleurs, de procéder d'une manière pitoyable à l'éclairage par le gaz, qui offre un moyen facile et peu dispendieux d'amélioration et d'embellissement pour la capitale. Quoi! le moindre boutiquier d'un de nos passages a tout autour de lui une brillante illumination, et le millionnaire qui habite la rue d'Artois, en revenant d'une promenade nocturne, est exposé au poignard d'un assassin, que l'obscurité ne lui permettrait pas de reconnaître! Cela s'explique : le gouvernement éclaire les rues, et l'industrie particulière éclaire les passages.

7°. Une institution répondant à celle des watshmen et des constables de Londres, et qui lui soit supérieure. Les sergens de ville, dont j'ai au moins contribué à provoquer l'établissement, ne sont pas assez nombreux, et, comme ils ne sont point à poste fixe, on ne saurait où en trouver dans un cas de péril.

« L'obligation de placer des chenaux à

» tous les toits qui donnent sur la rue. »

On ne voit pas de quel droit un propriétaire déverse l'eau qui tombe sur son toit sur les épaules des passans. Dans le siècle de lumière et de vérité où nous entrons, il va devenir évident qu'*il n'existe que des propriétés conditionnelles*. La propriété de notre corps, de nos membres, qui est incontestablement la plus sacrée, nous expose au service militaire, à toutes ses funestes chances et à de nombreuses charges; la propriété immobilière doit, à plus forte raison, être soumise à de sévères conditions d'un intérêt général. Ainsi, dans ma nouvelle manière de construire les villes, il ne peut exister de maisons donnant sur la rue, qu'autant que les gens à pied seront à l'abri des intempéries des saisons, et même de l'excès du chaud et du froid. On pourrait, à Paris, exiger au moins qu'il y eût à la hauteur du premier des espèces d'*auvents non interrompus* et offrant au peuple un abri contre le soleil et la pluie; enfin, il conviendrait, dans le climat pluvieux de Paris, d'augmenter le nombre des rues dans le genre de celle de Rivoli, et de faciliter l'établissement de nouveaux et superbes passages.

J'ai indiqué plus haut par quels moyens la ville de Paris pourra se mettre à même de faire face à ces dépenses d'assainissement; on pourrait y ajouter une souscription annuelle (qui suffirait pour en payer une partie) et à la tête de laquelle le Roi, constant protecteur des arts et des entreprises libérales, ne manquerait pas de se mettre.

Enfin, et surabondamment, rien n'empêcherait d'établir une taxe municipale pour l'établissement des trottoirs, le dallage et balayage des rues, ainsi que pour un brillant éclairage par le gaz. Cinq cent mille personnes qui, dans Paris, sortent journellement à pied, sont vivement intéressées à ne pas marcher dans la boue, dans la glaise et dans l'eau, comme elles sont forcées de le faire par l'effet de l'insouciance du conseil municipal et du préfet de police. Quel que fût l'impôt que l'on proposât pour faire face à cette dépense, il ne s'élèverait pas à la huitième partie de la dépense de vêtemens, de souliers, de voitures, que nécessitent, pour chaque individu, l'incurable malpropreté de la capitale. Ainsi, chacun trouverait, dans ces améliorations, une économie considérable, un moyen d'accélération pour vaquer à ses affaires, et la cessation de tous les désagrémens et inconvéniens graves qui résultent du pitoyable état des rues de la capitale.

Il ne faut pas ignorer que l'existence de Paris importe plus à la splendeur de l'État, à la conservation de l'intégralité de son territoire, que plusieurs départemens éloignés qui contiendraient une population de quatre millions d'habitans, et dont l'influence est d'ailleurs comme nulle sur la civilisation, dont Paris est le principal foyer, et qu'on peut aussi considérer comme l'école universelle de perfectionnement de toutes les éducations françaises et étrangères.

Si, comme je le propose, le conseil municipal, prévoyant que la population de Paris doit augmenter de manière à excéder vraisemblablement un million d'ici à la fin du siècle, ce à quoi l'établissement d'un entrepôt et d'un port maritime contribuera beaucoup; la ville, en devenant l'architecte et le propriétaire de nouveaux et brillans quartiers, élevés dans son centre, pourrait, sans nuire à ses intérêts, faire un peu baisser le prix exorbitant des loyers.

Les droits d'octroi devraient subir une diminution très considérable sur les objets destinés par leur nature et leur qualité à la consommation des classes pauvres.

On pourrait prendre des arrangemens avec une compagnie pour maintenir le pain pendant vingt-cinq ans, au prix de 3 sous la livre en première qualité, et de 2 sous et demi en deuxième qualité, dût-on accorder à cette compagnie des licences pour l'introduction en France d'une certaine quantité de blés étrangers destinés exclusivement pour la capitale (*). L'empereur, en veillant aux approvisionnemens de Paris, a toujours sagement porté son attention vers cet objet important d'administration publique, qui tient de si près à la politique.

Il faudrait également diminuer de beaucoup le droit d'entrée sur les fers étrangers

---

(*) Depuis l'époque où j'ai écrit ceci, le Gouvernement paraît avoir reconnu la nécessité de faciliter, dans les temps de cherté, l'entrée des blés étrangers ; j'avais pris à cet égard l'initiative dans ma brochure de *Paris et Londres comparés*.

ou vendre à un prix modique des licences pour l'introduction des fers destinés à l'architecture, afin de prévenir les incendies en universalisant l'usage des constructions en fer.

Le Roi, qui d'ailleurs a le goût des constructions architecturales, qui ont ajouté à la gloire des Auguste, des Louis XIV et des Napoléon, devrait, moins dans un but de faste que dans l'intérêt manifeste de la classe plébéïenne, qui est sans comparaison la plus nombreuse, prendre lui-même l'initiative de ces vastes travaux, qui ajouteraient à la popularité que ses vertus et ses sentimens lui ont acquise et en perpétueraient le souvenir chez les races futures.

Après m'être occupé d'une manière succincte de quelques-uns des projets d'amélioration concernant particulièrement Paris, qui étant journellement sous les yeux du monarque, doit d'abord fixer son attention, je passerai à des considérations d'un ordre général. Ayant été gagné de vitesse par la Chambre, lorsque je m'occupais à proposer quelques modifications à la Charte de Louis XVIII, j'ai suspendu mon travail, qui était précédé d'un examen critique des articles de cette constitution. Je ne tarderai pas à achever l'examen critique de sa rédaction et parfois de son essence, et peut-être unirai-je cet écrit à celui-ci.

Cette composition pourra du moins servir à l'époque de la révision de notre pacte fondamental actuel. Mon intention serait que nous eussions une charte *succincte*, peu volumineuse, et une charte *explicite* et officielle (c'est-à-dire approuvée par le Roi et les Chambres), en un ou deux volumes, contenant d'abord l'exposé des motifs de chaque article, les explications qui peuvent être nécessaires, la solution des problèmes politiques ou judiciaires que l'ambiguité ou le laconisme des expressions pourrait faire naître.

Je n'anticiperai pas ici sur cette tâche; je rappellerai cependant, au risque de me répéter, mes observations contenues dans *Paris et Londres comparés*, et dans mon ancienne brochure intitulée *Trisection de la Chambre des Députés*, sur l'imperfection radicale dont sont atteintes toutes les représentations nationales existantes, et l'utilité d'un partage en trois classes des missionnaires politiques de la France; savoir : 1° les simples députés, chargés plus particulièrement des intérêts de leurs départemens respectifs; 2° les représentans du peuple, permanens et surveillans de l'administration, pris dans le nombre des députés qui auraient accompli leur mandat de député et chargés de faire faire incessamment droit aux pétitions qui, sous le régime actuel, éprouvent d'abord une intermittence annuelle de six mois et ensuite des retards indéfinis; de répondre aux pétitionnaires, d'enregistrer régulièrement tous les projets d'amélioration utiles et de les publier, enfin, plus spécialement que les deux autres fractions de la représentation nationale, d'allouer le budget, de le vérifier et d'en publier annuellement tous les détails avec la copie des principales pièces justificatives, afin que tout Français qui sait lire et compter puisse le vérifier lui-même; 3° les législateurs, choisis en général parmi les hommes qui auraient long-temps rempli les fonctions de députés et ensuite de représentans du peuple. Les législateurs, fixés pendant la durée de leur fonctions à Paris, travailleraient toute l'année à la refonte de nos codes et de notre législation pénale. Nos députés, qui ont eu la naïveté d'écrire au Roi qu'ils n'avaient *pas le temps* de faire une loi sur l'abolition de la peine de mort, sont en effet trop occupés de leurs propres affaires et de leurs ambitions, pour se livrer au long travail de cabinet qui est indispensable pour fonder une législation où tout soit motivé, calculé et habilement proportionné.

Je citerai, à l'appui de mon opinion, un mot de M. de Montigny le député, à qui j'avais fait hommage d'un exemplaire de mon ouvrage de *Paris et Londres comparés*, en lui témoignant combien la permanence des législateurs me semble nécessaire. « En effet, me » dit-il, nous ne pouvons qu'*effleurer toutes* » *les questions*; il faudrait, pour les travaux » législatifs, une commission permanente, » où des hommes spéciaux pourraient être » appelés à leur donner officieusement leur » avis. »

Au reste, la Charte ne saurait être un monument stationnaire; elle doit être progressive et suivre la mesure des lumières, des besoins et du perfectionnement de la nation.

La représentation nationale est d'autant *plus fausse*, que les intérêts de *la majorité* de la nation, je parle des classes pauvres ou peu fortunées, n'y sont en aucune manière représentés : ils ne le sont tout au plus que dans un ou deux journaux sans influence.

En attendant qu'on remédie à cette grave imperfection, par une nouvelle législation électorale et électionnelle, il serait beau que le Roi des Français chargeât lui-même un ou deux commissaires du gouvernement de plaider à la tribune la cause des classes pauvres, et de provoquer la création de lois, d'établissemens et d'institutions en leur faveur. Le nouvel impôt à destination spéciale (et indépendant des droits actuels d'enregistrement) sur les successions, avec une aggravation basée sur une progression croissante, en raison de l'élévation de la somme héritée et de l'indirectité ou même de l'absence de degrés de parenté, serait le moyen le moins onéreux et peut-être le plus efficace de répandre un bien-être universel dans la société. Les plaintes que bien des gens élèvent contre le droit d'hérédité semblent nécessiter, à cet égard, des concessions que j'avais dès long-temps projetées.

Ce droit est cependant inséparable du pouvoir de donner et de recevoir ; car les testateurs ou donateurs suppléeraient au testament par des donations entre vifs, qu'on peut grever de certains droits, mais non prohiber.

Vouloir que tous les Français, sans exception, fussent électeurs et éligibles, serait, dans l'état d'ignorance où croupit la grande majorité de la nation, un projet impraticable. Mais n'admettre pour base du droit électoral et d'éligibilité que la somme qu'on paie au fisc, la fixer au *minimum* de 250 fr. pour les électeurs et 800 fr. pour les éligibles, selon le nouveau projet de loi sur cette matière, est un autre abus évident.

L'homme qui possède des terres, champs, vignes bois, etc., n'a, en général, que peu à craindre d'une révolution ou d'une invasion étrangère; elles ne pourraient lui enlever tout au plus que la récolte d'une année, s'il s'agissait, par exemple, de dévastation et de pillage opérés au moment des récoltes. Le propriétaire de maisons courrait, à la vérité, plus de dangers; mais ces risques même peu vraisemblables, soit dans le cas de la chute d'un gouvernement, soit dans celui d'une guerre régulière, qui certainement n'atteindraient que quelques localités; ces risques, dis-je, sont bien moins grands pour les propriétaires d'une faible partie des immeubles français, que le danger que courraient les propriétaires de rentes sur l'État, exposés peut-être par un tel bouleversement à perdre, comme à l'époque de la première révolution, les deux tiers de leur fortune (*) constituée en rentes. Les rentiers sont évidemment plus intéressés que d'autres propriétaires au maintien de la paix et de l'ordre. Les gens qui ont des places, du moins amovibles, du gouvernement, n'ont pas moins de raisons pour en maintenir les formes, et c'est une véritable insulte faite à la nation que de prétendre réduire à cent vingt mille le nombre des hommes capables de choisir leurs députés. Une république trans-océanique a donné, il y a quelques mois, l'exemple d'une loi plus libérale sur les élections, en multipliant d'une manière assez raisonnable la capacité

(*) Ma famille est une de celles qui ont été le plus maltraitées par la réduction des rentes au tiers consolidé et par l'établissement du maximum et des assignats : nos pertes, en y comprenant les intérêts, excèdent 100 mille écus.

électorale. Si l'on n'admet que le seul principe de l'impôt, pour condition de la dignité d'éligible, l'ex-forçat Vidoc pourrait siéger à côté de nos représentans, dont n'aurait pas pu approcher le pauvre Jean-Jaçques.

Cette observation, sur le mérite d'un philosophe pauvre, a été faite par Votre Majesté, comme une critique judicieuse de notre mode représentatif.

Sans présenter ici un projet de loi sur cette matière, puisque, de toute manière, notre système de représentation nationale me paraît défectueux, je renverrai à quelques observations contenues dans mon ouvrage de *Paris et Londres comparés*, où je pose, comme principe, la nécessité pour tout homme qui aspire au rang de législateur, d'avoir étudié, non-seulement les lois et les usages de sa patrie, mais encore ceux de plusieurs pays étrangers, en y séjournant pendant un certain temps.

Je pense que l'élection d'un député devrait être soumise,

1°. A des conditions restrictives, telles que celle que je viens de mentionner, d'avoir habité l'étranger pour y étudier les lois et y puiser des exemples d'améliorations de toute espèce; d'avoir occupé honorablement des places administratives, judiciaires ou militaires, etc.;

De s'être fait connaître avantageusement par des publications qui intéressent l'ordre social, ouvrages importans, brochures ou séries d'articles de journaux, etc. De cette manière, les efforts tentés par la masse d'hommes qui aspirent à la dignité de député, fussent-ils infructueux, tourneraient au profit de la France, en provoquant et en y répandant de nouvelles lumières.

2°. Des conditions répulsives. J'entends par là, qu'il serait stipulé, avec les détails nécessaires, quels sont les motifs d'exclusion du titre d'électeur et d'éligible.

Comme la loi ne doit pas être athée, mais admettre la base primordiale de toutes les religions, elle ne doit pas être dénuée de morale, telle que l'est celle qui nous régit, et se contente d'une somme payée au fisc pour accorder la distinction la plus honorable, celle de représentant d'un grand peuple. On pourrait, si j'ose me servir de ce terme, flétrir cet indigne système, en nommant prostituée la loi qui ne considère que l'argent.

Ainsi, la loi déclarerait incapable d'exercer les fonctions de député et de ministre, tout homme qui aurait été frappé de telle ou telle espèce de jugement, et même de ceux qui n'entraînent pas la perte ou la suspension des droits civils, mais cependant sont une tache; tout homme qui, ayant subi cinq ans de prison pour dettes, aurait scandaleusement évincé ses créanciers, pour jouir du fruit de ses spoliations; tout homme qui, étant fortuné, n'acquitterait pas les dettes d'un père, d'un beau-père, d'un frère, etc. (*). A ce nom seul, je crois voir plus d'un député et d'un millionaire qui fronce le sourcil et se mord les lèvres.

Ajoutons à cette catégorie d'exclusions, l'homme qui se serait enrichi en s'appropriant,

---

(*) Ce serait, dira-t-on, établir une solidarité réelle entre les membres d'une famille : la solidarité qui existe de fait entre les membres d'un même état, entièrement étrangers les uns aux autres, n'est-elle pas bien plus grande, lorsqu'un citoyen appelé à l'armée est obligé de s'exposer à la mort pour la défense de gens qu'il ne connaît pas, et même de ses ennemis personnels?

par des voies insidieuses, une succession au détriment des héritiers légitimes. Les bornes de cette brochure ne me permettent pas d'indiquer tous les cas d'application des conditions restrictives que je propose; il suffit d'énoncer le principe, que je crois utile à la considération dont la Chambre doit jouir, et qui, en proclamant l'intention morale du législateur, aurait aussi l'avantage d'être un stimulant pour maintenir les hautes classes de la société dans les règles de la stricte probité et même de la délicatesse, bien plus rare!

Enfin, on pourrait, comme je l'ai proposé dans mon écrit imprimé il y a douze ans, sous le titre de *Trisection de la Chambre des Députés*, et depuis lors, dans ma dernière brochure, offrir au député peu fortuné, une indemnité annuelle de 4000 fr. pendant l'exercice de ses fonctions. C'est précisément la somme que le *Constitutionnel* du 1er novembre juge qu'on pourrait donner dans la même circonstance. Il paraît qu'il faut bien des années pour qu'on adopte mes idées.

Tandis qu'un juré est mis à l'amende de 500 fr. lorsqu'il ne se présente pas à temps à la cour d'assises, le règlement de la Chambre des Députés n'est pas assez sévère à l'égard des membres qui négligent de s'y rendre ou ne le font que tardivement. On dirait que ces messieurs font de *la législation d'amateurs*, qui ne vaut pas mieux que la musique d'amateurs.

Je viens accidentellement de parler de la cour d'assises, et je dois faire observer la cruelle et maladroite inconvenance que je trouve à faire paraître à la même barre, sur le même banc des accusés, et côte à côte avec des scélérats que la société repousse de son sein, les hommes égarés par de fausses opinions politiques, ou qui, dans leurs écrits, ont proclamé témérairement des maximes ou des systèmes peut-être intrinsèquement bons et utiles à l'humanité. Les rois qui ont voulu s'élever au-dessus de leur condition, ont pris la plume et ambitionné un certain rang parmi les écrivains, presque toujours sans savoir le mériter! et c'est sur la classe d'hommes qui revendique la part des plus belles gloires humaines, qu'on voudrait déverser l'outrage et le mépris, en les assimilant à de vils criminels! Non, il faut un jury ou tribunal spécial pour les délits de la presse. Il n'y aura plus de honte (*) pour un brigand, à paraître devant les tribunaux, lorsqu'il aura pour camarade d'infortune, en présence de ses juges, les écrivains et les poëtes dont l'Europe célèbre le patriotisme et la gloire.

On suspend actuellement l'exécution de plusieurs assassins condamnés à la peine capitale. Cette seule démonstration est une prime offerte aux grands criminels, qui semble leur déguiser l'horreur qu'inspirent leurs attentats. On reconnaît là le contre-coup de cet accès de philanthropie égoïste qui, par son *inopportunité,* a achevé de déconsidérer la chambre constituante.

Ces messieurs (je parle de la majorité)

» N'ont point pour les méchans ces haines vigoureuses
» Que doit donner le vice aux âmes vertueuses !

Si l'on réduit la peine contre les assassins à

(*) Il est encore plus dangereux et impolitique d'affaiblir la honte qui doit accompagner les crimes réels, que d'atténuer la mesure du châtiment. Pour preuve, voyez des milliers d'hommes qui volent sans effroi à une mort presque certaine, mais qui, plus cruelle que le fer du bourreau, est du moins sans déshonneur.

une détention nominalement perpétuelle, mais qui pourra être abrégée s'ils ont le talent de flatter leurs directeurs ou leurs confesseurs; il en résultera que les étouffeurs, ces monstres qui tuent les gens pour vendre leurs cadavres aux chirurgiens, que les brigands couverts du sang de leurs victimes et les scélérats qui font un métier de l'empoisonnement et de l'incendie, ne seront punis que de la peine qui frappe actuellement en France les détenus pour dommages-intérêts et les débiteurs étrangers, qui, pour leur délivrance, invoqueraient en vain tous les prêtres du monde.

Enfin, le malheureux qui demande le plus léger secours, la moindre aumône, est exposé, d'après nos lois existantes, à cette détention illimitée, que l'on voudrait faire considérer comme un épouvantail suffisant contre les grands criminels! Quelle absurde disproportion!

Nos prétendus philanthropes, en proposant l'abolition de la peine capitale, ont eu sans doute l'intention d'adoucir le châtiment du coupable; mais s'il préfère une mort prompte et à peine sentie « au poison lent de la capti- » vité »; si, séparé des objets de ses affections, à jamais privé de la liberté, il invoque chaque jour et à chaque instant un trépas qu'on lui refuse et qu'on lui ôte les moyens de se donner lui-même, où sera la philanthropie?

Dans l'année 1830, le nombre des condamnations à mort ne s'est élevé, pour toute la France, qu'à 89, dont 60 seulement ont été exécutées. Il n'est pas douteux que le nombre des assassinats et empoisonnemens constatés ne se soit élevé bien au-delà, et cependant c'est vers les auteurs de tant de crimes qu'il est à la mode de porter sa pitié, je dirais presque sa sympathie, tandis qu'à Paris seulement, plus de 200 personnes se suicident par misère et désespoir, sans que le public compatisse à leur infortune et la prévienne! C'est ainsi que l'égoïsme parisien fait de la philanthropie à bon marché!

C'est une singulière inconséquence que d'opérer, au prix du sang de plusieurs milliers de victimes, une révolution, qui a essentiellement pour but de soustraire la France au joug des prêtres, dont l'influence antinationale a entraîné dans sa décadence la chute d'un trône, et de proposer un système de pénalité qui leur rendrait une nouvelle puissance. Le seul nom de prison pénitentiaire indique suffisamment qu'on veut faire une affaire de religion de ce qui est purement de la compétence humaine et temporelle.

J'ai déjà fait voir dans mon dernier ouvrage combien le christianisme est loin de la mansuétude qu'on lui suppose, lorsqu'il nous montre un Dieu implacable, faisant dévorer par des flammes inextinguibles la presque totalité de l'espèce humaine.

Est-ce bien lorsque la religion prêchée au nom de Jésus-Christ a cessé d'être la religion de l'État, lorsque ses fanatiques missionnaires osent à peine paraître en public, qu'on voudrait convertir nos institutions pénales en actes de pénitence?

On a eu l'impudeur d'assimiler un criminel au vaincu épargné par le vainqueur! Il n'y a nulle parité entre ces situations. Généralement deux armées se battent par ordre de leurs souverains; les soldats sont contraints, *sous peine de mort*, à ne pas fuir et à massacrer leurs adversaires : de cruels préjugés, qu'on décore des titres d'honneur et de gloire, les entraînent encore dans cette sanglante arène;

les combattans se considèrent comme des duellistes sous un régime qui autoriserait le duel; mais si les vainqueurs trouvent de leurs déserteurs ou des assassins évadés parmi les vaincus, ils les condamnent au dernier supplice.

Sans doute notre Code pénal a besoin d'être refondu; un esprit ferme et méthodique doit présider à la création d'une nouvelle législation pénale, où les grands attentats contre les personnes et ceux qui leur sont assimilés, excitent particulièrement la rigueur comme l'indignation du législateur.

Mais quand on considère combien est faible le nombre des criminels décapités, comparé aux honnêtes gens écrasés sous les roues des voitures à Paris, aux duellistes frappés par le plomb et par le fer; si l'on jette un coup d'œil sur la statistique des morts dans Paris, et que l'on se rappelle qu'un tiers de ses habitans meurt en prison ou dans les hôpitaux, on se convaincra qu'il est une foule d'améliorations sociales infiniment plus pressantes et plus importantes, que la restriction des cas d'application de la peine capitale, souvent trop faible elle-même pour épouvanter et retenir le bras des scélérats (*).

La Charte de 1830 contient, dans ses dispositions particulières, un assez grand nombre de projets de lois pour remplir la session présente et la suivante. Il est vraisemblable que la loi qui concerne la responsabilité ministérielle ne sera pas celle dont les ministres se presseront le plus de s'occuper. Dans tous les cas, je désirerais qu'à l'ouverture de chaque session le Gouvernement en publiât le tableau dispositif, à l'instar de celui que j'ai fait imprimer en 1818. De cette manière, les députés auraient le temps de mûrir leurs idées sur les matières à traiter, et les brochures et la presse périodique viendraient à leur aide.

On parle avec emphase du gouvernement à bon marché, en offrant l'exemple des États-Unis. Sans doute il faut éviter une prodigalité ruineuse; mais un gouvernement trop parcimonieux, sans richesse, sans splendeur, ne répandra personnellement aucune aisance dans

---

(*) Voyez encore, à cet égard, *Paris et Londres comparés,* où je propose de fortes aggravations de ce châtiment lorsqu'il y a eu des actes de barbarie, etc.

le peuple; moins il a d'employés, moins de personnes s'intéressent à sa conservation.

Trop de gens en France penchent pour le gouvernement démocratique. Le souvenir des horreurs de la République contient à peine cette funeste tendance, et bien des libéraux n'ont adopté la Charte de 1830 qu'avec l'espoir d'une nouvelle ère démagogique. Quand les puissances étrangères seraient assez malignes, assez peu charitables, pour abandonner la France aux factions, qui ne tarderaient pas à déchirer son sein, ne doit-on pas prévoir l'époque de l'apparition plus ou moins tardive d'un homme supérieur? Il ne se contenterait pas du titre mesquin de président, très bon pour nos médiocrités parlementaires, mais insuffisant pour satisfaire l'ambition d'un homme de génie, qui veut commander à la baguette, comme le chef d'orchestre aux musiciens et le général à ses soldats.

Les dissensions sanglantes des républiques de l'Amérique du sud offrent en vain une leçon vivante aux Français, dont les têtes ne sont point construites sur le modèle des crânes anglo-américains, et qui, en proie à la fougue du sang méridional, entraîneraient ou se laisseraient entraîner aux déterminations les plus dangereuses.

Dans un état civilisé, comme la France, le luxe est une nécessité; des millions de citoyens lui doivent leurs moyens d'existence, surtout à Paris. Or, si l'on payait les fonctionnaires publics d'une manière mesquine, ou les places seraient recherchées et occupées par des gens riches et n'offriraient aucune chance de fortune aux hommes de talent pauvres, qui voudraient servir leur pays dans la carrière administrative, ce qui serait un grave abus; ou ces places étant accordées au mérite peu fortuné, ne seraient point une récompense digne de ses travaux, ce qui n'offrirait pas une combinaison moins vicieuse.

Une troisième combinaison principale se présente et réunirait le double vice que je signale, celle où les gens fortunés, cumulant leurs richesses avec le modeste traitement accordé par l'État, s'empareraient seulement d'une partie des places salariées et restreindraient ainsi la carrière ouverte aux talens pauvres. Ceux de ces derniers qui obtiendraient un emploi, n'y trouveraient toujours que des moyens d'existence faibles et peu dignes de longues et sérieuses études.

Aujourd'hui que la noblesse, sans droits spéciaux, est moins une distinction qu'une mystification, quels seront, sous un gouvernement à bon marché, les personnes les plus notables ? En presque totalité des gens nés avec une grande fortune : bien peu l'auront acquise par leurs talens et leurs travaux, mais beaucoup par l'intrigue et par des fourberies tolérées ou impunies. Il est, par exemple, peu de maisons de banque considérable qui ne commettent, par chaque courrier, une cinquantaine de petites escobarderies de détail. On vend le papier d'un correspondant, ou l'on en achète pour son compte, et, indépendamment de la commission due, on se ménage un bénéfice d'un huitième et quelquefois même d'un quart sur le cours. Si l'on fait un compte de retour, l'agent de change certifie complaisamment la négociation à un taux ruineux pour le tireur, et les deux correspondans par les mains desquels l'effet a passé se partagent le bénéfice, c'est-à-dire le fruit du faux et du vol.

Dans la vente et l'achat des marchandises, les bénéfices frauduleux du commissionnaire sont encore plus scandaleux ; on va même jusqu'à augmenter ou diminuer (sur le papier seulement) le poids des colis et de la tare, afin de faire payer à l'acheteur au-delà de la quotité effective de marchandises qu'il reçoit et de créer fictivement un déficit réel pour le vendeur. Dans tous les cas, on ne manque pas de surcharger, autant que possible, les frais et les ports de lettres. Toutes ces choses sont comme convenues dans le commerce, on se les passe réciproquement; mais celui qui fait le plus d'affaires remporte la palme. *Sic itur ad astra.*

Ce serait un ouvrage curieux et utile qu'une statistique financière des principaux habitans de Paris, dans laquelle, en prenant pour principal guide l'*Almanach des Adresses*, on aurait indiqué la fortune approximative de chaque personne et la cause de ses richesses ou de sa pauvreté. On y verrait honorablement figurer, non-seulement des bouchers, des charcutiers, des boulangers, des marchands de vins, des crémiers et une foule de gens qui vivent de fraude sur la qualité ou le poids de la marchandise, mais encore un grand nombre de personnes qui s'enrichissent par des professions illégales ou infâmes qu'on n'ose même désigner. Telle est la brillante utopie des amateurs de la république, telle est même déjà, à certains égards, notre hiérarchie sociale, où le coffre le plus vaste et le plus rempli d'argent est le seul thermomètre et l'unique piédestal du mérite !

Il me semble que nos futurs modèles, les habitans des États-Unis, ne sont pas toujours parcimonieux dans l'appréciation et la récompense des talens.

Quoi ! messieurs les graves et économes habitans de New-Yorck, vous n'avez pas frémi à la seule pensée d'offrir et de payer une somme de passé 130,000 fr. par an au couple Charles Vestris, à qui notre directeur d'Opéra n'a pas même voulu faire l'honneur d'offrir un engagement quelconque? Vous estimez donc plus les entrechats et les pirouettes de M. et de Mme Vestris que les talens, les travaux, les veilles et les vertus de votre président (*)! Non-seulement la capitale, mais encore votre république entière est obligée de se cotiser pour

---

(*) Le traitement du président des États-Unis est de 125 mille francs. Il y a toute apparence qu'il ne donne pas de dîners ni de bals diplomatiques, sans quoi je le tiendrais pour ruiné dès les premiers mois de son entrée en fonctions.

lui payer moins qu'à une danseuse! Le ciel vous préserve de Mmes Taglioni, Sontag, Malibran et Pasta; elles vous coûteraient plus cher que toute l'administration de votre république.

Il est à craindre, si la représentation nationale continue à être composée de campagnards, de propriétaires territoriaux, parmi lesquels on ne trouve qu'un nombre imperceptible d'amateurs des Lettres et des Beaux-Arts, que leur prospérité, qui fait une des plus belles gloires de la France, n'éprouve de cruelles atteintes sous un gouvernement qui, poussé à sa perte par les niveleurs, vise à la république.

Il a été question de faire discuter et fixer par la Chambre des Députés la pension des savans, hommes de lettres et autres.

De telles discussions publiques entraîneraient de fâcheuses personnalités et récriminations; cependant, par compensation, les poëtes et les écrivains, qui, trop pauvres ou trop superbes, répugnent à passer sous les fourches caudines du journalisme, auraient la satisfaction de se voir inscrits en toutes lettres dans ces journaux, dont même les plus éclatans de libéralisme eussent impitoyablement refusé à leurs ouvrages l'annonce et l'article gratuits.

La mort et la misère des Gilbert, des Malfilâtre, des Jean-Jacques et de tant d'autres hommes illustres, forment un acte d'accusation contre notre organisation sociale et une preuve irréfutable de l'appui qu'un gouvernement désireux de la gloire nationale doit aux travaux littéraires ou politiques. Tous les rois qu'on honore du nom de grands en ont été les protecteurs, et aucun de ceux qui pourraient méconnaître un tel devoir n'obtiendra ni ne méritera jamais ce titre.

Sera-ce M. Victor Hugo, doté depuis nombre d'années d'une pension de 2000 fr. au ministère de l'intérieur et d'une autre pension d'une égale somme sur la liste civile, qui approuvera le principe posé par la *révolution*, que les médiocrités sont indignes de l'appui du Gouvernement et que les illustrations n'en ont pas besoin; tout comme s'il ne fallait pas passer par des degrés de médiocrité ou du moins d'obscurité, avant d'atteindre ceux de la supériorité et de la célébrité?

Dans les lettres, comme dans l'état militaire, il faut que le Gouvernement soutienne l'existence d'un grand nombre d'individus d'un talent et d'une capacité médiocres, entre lesquels surgit un homme supérieur. L'un devient général avec un traitement de 60 à 100,000 fr., l'autre une illustration littéraire avec 2000 fr. de pension.

Où serait la gloire de Racine, de Corneille, de Molière et de tant d'autres hommes illustres, sans la constante protection de Louis XIV aux Lettres et aux Beaux-Arts?

Au reste, les pensions des hommes de lettres, qui ne sont pas, j'en conviens, distribuées avec tout le discernement possible, ne forment qu'un chapitre sans importance dans le budget; et plût au ciel que la gloire militaire de la France ne lui coûtât pas cent fois plus que sa gloire littéraire, réellement bien plus solide et plus indestructible!

Les gens de lettres et les artistes, constamment favorisés par Votre Majesté, depuis son retour en France, formaient des vœux, qui semblaient irréalisables, pour l'élévation sur le trône d'un si juste appréciateur de leurs travaux. Leurs désirs sont exaucés: puisse la partie peu éclairée de la France ne point s'opposer aux vues libérales de leur auguste protecteur. Puisse une dangereuse précipitation et de fausses vues de popularité, satisfaites aux dépens de la gloire et de la splendeur du peuple et du trône, ne pas renfermer dans des limites trop étroites les moyens que la liste civile donne aux rois, de faire marcher à grands pas la civilisation, et de réparer ou d'adoucir d'anciennes et de récentes infortunes.

Le roi Philippe, ni ses fils, élevés dans les principes les plus libéraux, n'enfouiront pas, à l'exemple du dey d'Alger, des trésors improductifs.

La situation d'un roi constitutionnel et nommé par le peuple n'est pas une place; d'ailleurs le principe que je pose pourrait, sans inconvénient, être appliqué aux traitemens des gens en place, si l'accroissement annuel que je demande pour la liste civile avait aussi un but d'utilité publique. La liste civile doit tenir de la nature du budget, et suivre comme lui une marche progressive et ascendante, qui maintienne, entre eux, une proportion donnée de force et je dirais presque d'actibilité, c'est-à-dire de pouvoir d'agir.

Il est superflu de joindre ici le tableau d'augmentation annuelle des impôts tant en France que dans l'étranger; il suffit de savoir que depuis deux siècles ils ont environ décuplé; ce qui est loin de signifier que les peuples sont dix fois plus à plaindre qu'en 1630.

Un tableau récent des revenus nets de la Grande-Bretagne les porte, en 1603, à 600,000 liv. st., et en 1830, à 47,139,813 liv. st. Pendant les soixante ans qu'a duré le règne de George III, ils se sont accrus de 8,523,540 à 46,000,000 sterl. La liste civile du roi d'Angleterre se monte à près d'un million sterling, et encore nombre de particuliers habitent-ils des hôtels plus magnifiques que son triste palais de Saint-James.

La cause principale de cette augmentation est dans l'incivilisation des peuples et de leurs chefs, qui considèrent la guerre comme un état presque naturel, licite et parfois désirable. Au reste, comme, de tous les animaux, l'homme est celui que la nature a jeté sur la terre avec le moins de précautions apparentes, en le tirant de l'état d'inertie à force de besoins et de privations; les peuples les plus chargés d'impôts, témoins l'Angleterre et la France, sont aussi ceux où l'activité a été le plus stimulée et a produit les effets les plus admirables, par la nécessité de faire face aux charges individuelles et à celles de l'État.

La gêne momentanée où se trouve la France, après une révolution qui, en la délivrant de la tutelle humiliante des nations étrangères, va donner le plus brillant essor à toutes les capacités intellectuelles et industrielles, et faire briguer, par tous les princes de l'Europe, d'heureuses alliances avec la plus belle, la plus puissante et la plus vertueuse famille de France; cette gêne momentanée, dis-je, occasionée par l'inactivité de quelques ministres, qu'on n'avait choisis peut-être que pour rassurer l'Europe étonnée, ne doit pas servir de base pour fixer d'une manière mesquine la liste civile.

Plutôt que de commettre une aussi grave faute, dont Paris, qui vit de luxe, supporterait particulièrement les funestes conséquences, il vaudrait mieux ne fixer la liste civile que provisoirement pour 1831. Celle de Charles X se montait à près de 36 millions.

Si l'on fixait celle de S. M. Louis-Philippe à 32 millions (*), elle ne coûterait à la France,

---

(*) Depuis l'époque où j'ai écrit ceci, le Gouver-

chaque année, qu'un franc par individu : il n'y a là de quoi ruiner ni gêner personne. La monarchie, par ce faible tribut, offre à la nation entière un avantage inappréciable, qui manque aux républiques, celui d'avoir un protecteur permanent, lui-même intéressé à la rendre heureuse, et vers lequel, dans toutes ses calamités, elle puisse porter ses affections et ses plaintes.

Mon opinion est que la liste civile, pour être toujours en harmonie avec le budget, doit éprouver annuellement une augmentation progressive, établie d'après la proportion combinée,

1°. De la dépréciation continue du numéraire;

2°. De l'augmentation de la population de l'État et de sa richesse.

Car si l'on fixe inconsidérément la liste civile pour tout un règne, il est manifeste qu'en supposant que le Roi ait encore 30 ans à vivre (ce qui n'excède point les probabilités,

---

nement a proposé de fixer la liste civile à dix-huit millions.

du moins pour les têtes couronnées, et spécialement pour un homme plein de force physique et morale), la somme de 32 millions ne représentera en 1860 qu'une valeur beaucoup moindre et insuffisante pour produire les mêmes effets, et accorder aux populations ruinées par des incendies, des débordemens ou autres fléaux, les mêmes secours qu'aujourd'hui.

Quelle que soit la fixation de la liste civile, c'est une valeur peu considérable, comparée à un budget de plus d'un milliard. La France se soumet à payer un impôt dont l'énormité ne la choque pas, parce qu'il flatte son amour-propre et qu'elle en voit l'utilité.

La loi appelle au service de la garde nationale tous les Français du sexe masculin, âgés de 20 à 60 ans. (On voit qu'aux yeux de l'auteur du projet les jeunes hommes ne sont pas seuls de mise, et qu'il s'est souvenu de ces vers :

Il est certains barbons, etc.

On compte 7 millions d'hommes de l'âge indiqué; mais il faut en déduire un million et demi pour l'armée de ligne, les prêtres, les infirmes, et les autres citoyens que la loi dispense de ce service; reste à 5 millions et demi. L'uniforme d'un simple garde national, tenue d'hiver et d'été, revient, à nombre d'habitans de Paris, à 300 fr., non compris le bonnet à poil de grenadiers. Le prix de cette espèce de tiare militaire excède 100 fr.; le fusil, qu'ordinairement le Gouvernement fournit, peut coûter 30 fr. L'uniforme des officiers leur revient bien plus cher, et l'équipement complet d'un garde national à cheval coûte environ 800 fr.

Mais quand on ne compterait pour toute la France que 150 fr. de dépense par homme, cela ferait pour 5,500,000 hommes, 825 millions. En supposant qu'il faille renouveler quinquennalement l'uniforme, cela formerait l'équivalent d'un impôt annuel de 165 millions.

Le surcroît de dépense qu'entraîne le service du garde national, l'entretien de la buffleterie, etc., peuvent être mis en compensation de l'usage de l'uniforme, qui ne diminue que faiblement la dépense à faire pour des habillemens ordinaires. Il faut donc ajouter à l'espèce d'impôt annuel que j'ai mentionné de.................. 165,000,000 fr.

la valeur de vingt-quatre heures de garde que fait chaque homme, je suppose une fois par mois; ces vingt-quatre heures représentent au moins deux journées de travail (4) plus six journées pour les revues, exercices, etc., trente jours de travail à 2 fr., font 60 fr. pour 5,500,000 hommes.................. 330,000,000

Total, par année...... 495,000,000 fr.

Ceci, sans évaluer les chances de mort, de mutilations, de blessures, maladies, perte de temps et d'état, dans le cas de mobilisation de la garde nationale.

Au reste, je suis très éloigné de blâmer une bonne institution de garde nationale, qui est actuellement indispensable. J'ai voulu seulement faire voir, par le résumé de ce tableau, combien la France a de moyens d'acquitter des impôts dont elle reconnaît l'utilité, puisqu'elle paie de fait, et presque sans s'en apercevoir, une somme énorme en sus du budget d'un milliard. Quand l'impôt produit par l'établissement de la garde nationale, qui ne comporte pas actuellement un effectif de 2 millions d'hommes, ne s'élèverait qu'à 100 millions par an, j'aurais également réussi à prouver ce que j'ai avancé.

Une considération capitale pour tous ceux qui désirent l'universalisation de notre système représentatif (en attendant qu'une nouvelle forme de gouvernement soit à la mode), c'est qu'une liste civile fixée à 30 ou 40 millions n'a rien d'effrayant ni de trop révolutionnaire aux yeux des empereurs de Russie et d'Autriche ; tandis que l'égoïsme leur fera sacrifier des millions d'hommes, plutôt que d'accorder à leurs sujets des chartes, dont l'effet serait de restreindre leurs revenus et leur pouvoir.

La liste civile, sous une dynastie qui veut essentiellement le bonheur du peuple sans acception de titres nominaux et de fonctions, est une *providence clairvoyante* placée à côté de cette providence aveugle qu'on appelle la *fortune*, et la saine politique demande que cette puissance providentielle ne soit point gênée dans les moyens d'exécution.

Les demandes de secours, adressées de Paris

seulement, au Palais-Royal, sont, dit-on, au nombre de six cents par jour, et par conséquent de plus de deux cent mille par année : faudra-t-il que, faute de moyens d'y satisfaire, le Roi, à l'instar de M. de Labourdonnaie, renvoie la presque totalité des pétitionnaires aux bureaux de charité ?

Il est douteux que le ministère de l'intérieur fasse un plus grand nombre de demandes de tableaux d'histoire que précédemment ; sous le régime actuel, il ne saurait charger son budget de dépenses pour des tableaux d'église. Comment donc ne pas faire des malheureux et des mécontens, si la famille royale ne peut encourager les artistes, en leur commandant ou en achetant des tableaux de prix et de vastes dimensions ? Le Roi et les princes ne doivent-ils pas donner les premiers l'exemple, en se plaçant à la tête de toutes les souscriptions dont l'objet intéresse l'humanité, les sciences, les arts, l'industrie ? La statistique médicale universelle, et d'abord celle de la France, nous manquent ; j'ai signalé, dans *Paris et Londres comparés*, la nécessité et l'utilité d'un journal des législateurs, etc. Enfin, on ferait un volume des seuls titres des ouvrages, entreprises et associations désirables, auxquels le suffrage et l'appui du monarque peuvent donner l'existence.

Tout le monde sait qu'aussitôt que les journaux apportaient à Paris la nouvelle de quelque incendie ou d'autres désastres arrivés dans les provinces, la famille royale déchue envoyait des secours. La duchesse de Berry faisait autant de bien qu'elle pouvait; il y aurait de l'injustice à le contester, et Louis-Philippe, alors duc d'Orléans, ne restait jamais étranger à ces actes de bienfaisance. Maintenant, que la grêle, des inondations ou d'autres fléaux ravagent nos départemens, les malheureux paysans qui en seront victimes, s'ils ne sont que faiblement secourus ou s'ils ne le sont point du tout, ne regretteront-ils pas vivement les deux monarques de la prétendue restauration, et jusqu'à la duchesse d'Angoulême? Y aura-t-il dans chaque commune des personnes chargées d'expliquer aux infortunés dénués d'instruction, que la liste civile de l'ex-famille royale se montait à près de 36 millions, et qu'on a réduit celle du Roi des Français à la moitié de cette somme? Savent-ils seulement ce que signifie le mot de liste civile, et sa réduction, partout où elle n'aura pas été parfaitement motivée, ne sera-t-elle pas la plus grave atteinte qu'on puisse porter aux prérogatives royales, en ôtant au Roi les moyens de conquérir des cœurs par ses bienfaits et par d'utiles créations?

Je soumets ces observations à tous les défenseurs de la dynastie régnante et à Sa Majesté elle-même, peut-être trop disposée à sacrifier ses intérêts pour un peuple dont ce sacrifice ferait le malheur. Que la monarchie constitutionnelle ne soit pas forcée à imiter l'ingratitude, qui fut toujours un des vices inhérens aux républiques.

La forme semi-républicaine de notre gouvernement est un étouffoir pour les lettres et les beaux-arts, qu'on abandonne en faveur de la politique, et qui dépérissent dans une place secondaire, exposés au tumulte des séditions et aux horreurs de la guerre; et cependant la France est leur patrie et leur refuge! N'oublions pas qu'avec les sciences et l'industrie ils forment la seule source de gloire à venir possible pour la patrie, et que nos conquêtes futures sur l'Allemagne, l'Italie, la Hollande et la Suisse, qui n'ont pas oublié ce que leur ont coûté leurs avides libérateurs, ne pourraient pas être conservées pendant trois campagnes.

Nos grands théâtres, quelle que soit leur organisation future, ainsi que tous les établissemens destinés à des objets de luxe, auront toujours besoin de la protection de la famille royale.

En attendant la détermination un peu tardive de la commission nommée pour statuer sur la liberté des théâtres (5), je crois pouvoir faire observer que la démarche qu'ils ont faite pour obtenir une part dans le prêt de 30 millions octroyé par le Gouvernement au commerce, les assimile entièrement aux commerçans, et qu'une semblable demande, faite également par les imprimeurs et les libraires, ne peut que nécessiter la déclaration de la liberté de ces deux dernières industries.

J'ai représenté les théâtres comme des écoles de langue, de prononciation, d'usage du monde, de tenue, etc. J'ajouterai qu'ils pourraient gagner en considération ce que les prêtres et les prédicateurs ont perdu en influence sur l'instruction et le perfectionnement de la société. Les auteurs et même les acteurs qui contribuent à leur donner cette tendance, ont droit à l'estime publique et à la reconnaissance du Gouvernement.

Les matières sérieuses que j'aborde dans cet écrit sympathiseraient mal avec un chapitre étendu sur les théâtres de la capitale. Les auteurs qui ont opéré une révolution dans notre système dramatique ne ressemblent pas mal aux illustres deux cent vingt-un. L'on reconnaît la nécessité de l'ère de liberté que ces premiers ont proclamée, après s'être enthousiasmés à la lecture des traductions de Shakespear et de Schiller; mais on se moque de leurs œuvres, et l'on fait bien. Ils ont pris le trivial pour du naïf, et le boursouflé pour du sublime. M. Taylor a fait faire des décors neufs, ce qui était une grande innovation au Théâtre-Français : l'on a pris une douzaine de couturières qui, revêtues de pantalons collans, ont charmé les spectateurs; M. Victor Hugo a payé les frais de costumes et des billets de bureau, et la révolution s'est trouvée accomplie. C'est ainsi qu'un certain nombre de députés qui, depuis quinze ans, condamnés au supplice de Tantale, convoitaient en vain de beaux emplois, ayant enfin obtenu la révolution politique tant désirée, se sont dit, « je suis placé, ma tâche est achevée, » et les députés, comme les romantiques, n'ont encore rien produit qu'on soit tenté d'admirer!

Si le Théâtre-Français n'a pas succombé à son agonie, lorsque ma brochure paraîtra; si le Monarque ou le Gouvernement veut répandre sur lui quelques tonneaux d'eau de Jouvence, il est à désirer que cette marque de bienveillance pour son ancienne splendeur ne soit pas accordée légèrement et sans *des garanties libérales* en faveur des talens non encore illustrés des auteurs et des acteurs qui désirent être jugés par le public.

Il est, par exemple, un article du règlement de tous les théâtres, fait, en réalité, pour évincer les auteurs qui ne sont ni les amis *ni les associés* de certains monopoleurs, et qui sacrifie à l'incapacité, à l'insouciance *d'un seul examinateur*, la gloire et l'avenir d'un poète! Cet article veut « que toute personne soit obligée de remettre son manuscrit pour le faire examiner préalablement, si elle n'a pas encore obtenu de succès au théâtre; » comme si les succès, souvent dus à messieurs les privilégiés de la claque, supposaient un grand mérite! Ainsi, les comédiens semblent regarder du haut en bas les écrivains les plus distingués, qui ne leur ont pas fait gagner de l'argent, et leur dire, par la voix de leur règlement, « Nous n'avons ni le temps ni l'envie de lire vos productions; nous chargerons quelqu'un d'y jeter un coup d'œil! » C'est pour avoir voulu faire ainsi, hors de la scène, les importans et les rois de théâtre, que les sociétaires se trouvent, je ne dirai pas en mauvaise, mais en pauvre société.

Quoi! l'on continuerait de subventionner grassement une scène encombrée de médiocrités et de masures vivantes, qui n'a pas même des chœurs, quand il s'agit d'exécuter un chef-d'œuvre comme *Athalie!* Le théâtre national pourrait-il être celui qui, dénué des prestiges de la pompe scénique, n'a qu'un misérable orchestre, indigne des théâtres du boulevart?

Les sociétaires veulent économiser; peut-être font-ils un faux calcul, mais soit; et que leur économie leur tienne lieu de subvention, il n'en doit être accordé qu'à des conditions honorables pour la nation et qui fassent briller les chefs-d'œuvre qu'elle a produits.

Au reste, je regarde l'association actuelle

du Théâtre-Français comme caduque, et c'est en partie pour cela que j'avais proposé l'érection d'un nouveau théâtre national, brillant de spectacle et de jeunes talens, sous le titre de Polydrame.

Si l'expression n'était pas trop familière, je dirais que la direction de l'Opéra est tombée en quenouille. M. Scribe, sans aucun égard pour ses concurrens, dont quelques-uns attendent depuis vingt ans l'arrivée de leur tour de représentation, sans pitié pour le public lettré, qui ne s'accommode pas des succès factices d'un style sans poésie et sans chaleur, s'est emparé du monopole de ce théâtre, auquel, dans sa soif de droits d'auteur, il impose même des ballets de sa composition !

On va jusqu'à emprunter au théâtre de la porte Saint-Martin l'antique *Fille mal gardée*, toujours pour utiliser le talent d'une danseuse dont la taille est en harmonie avec celle du directeur; je dis pour utiliser le talent, parce qu'il va sans dire que le protégé de M. de Polignac et le délégué de M. Sosthènes ne peut être qu'un homme très moral.

Le personnel de l'Opéra a besoin de réformes : on devrait faire venir un machiniste de Londres et un peintre d'Italie. Il nous manque une tragédienne comme madame Pasta. L'emploi de Derivis est mal rempli. Les chœurs chantent souvent faux. L'orchestre est fort au-dessous de sa réputation : excepté Tulou, Vogt et Brod, personne ne semble chercher à se distinguer, si ce n'est peut-être la grosse caisse et les timballes, dont le tapage fait vivement désirer une *réaction*..... anti-rossinienne.

Les violons sont criards, même le vigoureux Baillot, dont l'emploi serait mieux rempli par Lafond ou Bériot. La petite flûte déchire les oreilles, et nos honnêtes harpistes pourraient bien provoquer une demande en grâce pour le fripon Bochsa.

J'ignore quels règlemens de police seront prescrits pour l'érection des théâtres : voici quelques-unes de mes idées à cet égard. Je parle des salles qui contiendront au moins mille personnes.

1°. L'ordonnance qui exige un isolement complet pour chaque théâtre ne serait pas suffisante si elle devait produire des monumens du genre de l'Opéra-Comique, rue Vantadour : au reste il est vraisemblable que personne ne sera tenté d'imiter cette absurde construction.

2°. Il ne faut pas que la porte d'entrée d'un théâtre donne immédiatement sur le trottoir, puisque la circulation y serait interceptée, comme elle l'est tous les jours au théâtre des Nouveautés par les gens qui forment la queue, par les gendarmes et les commissionnaires.

3°. Le théâtre aura plusieurs vastes portes, par où le public puisse sortir sans danger dans un cas d'incendie ou de tumulte.

4°. Par la même précaution, les corridors et les escaliers doivent avoir au moins trois mètres de largeur. Il en résultera d'ailleurs, pour le public, la facilité de pouvoir circuler en tous sens et de ne pas être heurté continuellement ; enfin, en été, l'air de vastes corridors répandra dans la salle une fraîcheur agréable et salutaire.

5°. Il convient d'établir des portes différentes pour les hauts et bas prix ; c'est un exemple que donnent les théâtres des boulevarts, et dont je soumets le principe à la critique de MM. les amateurs de l'égalité absolue.

6°. Je voudrais aussi deux vastes foyers dans chaque théâtre. A Londres, j'en ai vu trois au théâtre consumé d'*English-Operahouse*. L'un de ces foyers serait réservé pour le bas peuple, qui, ordinairement, n'ose pas entrer là où sa modeste mise pourrait être pour lui un sujet d'humiliation.

7°. Tous les matériaux doivent, autant qu'on le pourra, être incombustibles. Les escaliers, même du côté du théâtre, seront en pierre ou en fer.

8°. Les banquettes du parterre, de l'orchestre et des loges seront divisées en stalles, de manière à ce que chacun ait ses coudées franches, et ne soit d'aucune part gêné par ses voisins.

9°. Le Conseil de salubrité fera statuer, par des hommes de l'art, quel est le nombre de personnes que la salle peut contenir sans préjudice pour leur santé, en supposant le rideau baissé pendant une demi-heure et le renouvellement de l'air intercepté de ce côté-là. L'architecte, en soumettant son plan, indiquera quels sont ses moyens de ventilation, et le Conseil jugera s'ils peuvent suffire.

10°. Un rideau en fil de fer, qui laisserait s'établir une équilibration de chaleur entre la salle et le théâtre, pourrait être proposé comme seul admissible.

11°. Des moyens de chauffage, tels que ceux

employés à l'Académie royale de Musique, seront exigibles dans les vestibules, corridors et foyers, et même dans la salle. Des thermomètres serviront de règle pour y maintenir la chaleur convenable.

12°. L'orchestre des musiciens sera assez abaissé pour que le public puisse voir entièrement la scène, sans être gêné par les harpes et les contre-basses : il suffira que les instrumens solo aient vue sur la scène. Cette disposition aura d'ailleurs l'avantage, dans les théâtres lyriques, d'empêcher l'orchestre de dominer la voix des chanteurs.

13°. Toutes les grandes salles de spectacle sont étranglées entre les avant-scènes. Il en résulte, par exemple, à l'Opéra, que près de cinq cents spectateurs ne voient qu'une petite partie de la scène; encore faut-il pour cela qu'ils se tiennent debout et s'avancent d'une manière fatigante pour eux et pour les personnes assises au premier rang. C'est une espèce d'escroquerie que de tromper ainsi l'attente d'un public qui vient pour voir plus encore que pour entendre. La partie située entre les avant-scènes doit être la plus large de la salle. Il résultera de cette innovation que le spectacle sera plus brillant que lorsqu'un petit nombre d'acteurs seulement peut se présenter sur le premier plan et que le reste est réduit à occuper toute la profondeur du théâtre. Enfin, les salles seraient de cette manière, en été, plus fraîches que nos salles actuelles.

14°. Il convient que le théâtre lui-même soit suffisamment chauffé en hiver, tant pour la santé et l'agrément des acteurs, que pour que l'air du théâtre n'incommode pas les spectateurs au lever du rideau.

15°. Des portes à coulisses, ne faisant aucun bruit, et n'occupant point de place dans les corridors, sont encore une amélioration fort désirable.

16°. Les foyers, escaliers et corridors seront couverts et parés de tapis; de cette manière le public ne sera point exposé à glisser et à faire des chutes sur un parquet ou des degrés frottés, et l'on ne sera pas incommodé par le bruit des personnes qui marchent dans les corridors. Je ne parle ici que des objets de nécessité et non de ceux d'agrément, à l'égard desquels j'ai aussi des vues neuves.

Je pense superflu d'entrer dans de plus

grands détails, j'en offrirai volontiers aux personnes que cela peut intéresser. Mais il me paraît certain qu'à égalité de mérite dramatique et d'exécution des ouvrages représentés, un théâtre où tant de précautions seraient prises pour l'agrément des spectateurs, obtiendrait bientôt la préférence sur tous les autres.

Je me suis peut-être trop étendu sur l'article des théâtres : j'ai cru devoir le faire dans l'intérêt public, avec l'assurance que Votre Majesté recherche tout ce qui peut s'y rapporter, surtout quand il s'agit des Beaux-Arts, qu'elle a toujours aimés et protégés.

La liberté de la presse est sœur de celle des théâtres. Sous le régime de l'empire et de la restauration, qui ne permettait pas même de composer de la musique pour des couplets de vaudeville, elles ont été l'une et l'autre publiquement violées.

Messieurs les Députés (et je parle seulement de la majorité qui fait loi) ont une répugnance manifeste pour la presse périodique, la seule qui exerce une influence notable sur la politique. Ils se sont bornés à réduire de moitié le cautionnement, qui, ainsi que je l'ai précédemment exprimé, est une exigence attentatoire à la liberté des publicistes.

N'en déplaise à ces hommes timorés, j'ai trouvé d'excellens articles dans le *Patriote* et la *Révolution*, et des conseils salutaires au Gouvernement dans la *Quotidienne*, qui ne dissimule pas des regrets qui s'élèvent d'autant plus haut que ses fonds baissent.

La pensée est le plus précieux des produits humains et même divins, car la création est le fruit d'une vaste pensée; pourquoi je ne dirai pas gêner, mais rendre impossible son expression à toute personne qui n'est pas riche et n'a pas 60 mille francs de trop? Le talent, le patriotisme sont-ils l'apanage exclusif de la fortune? Ne voit-ont pas qu'une entrave fiscale, souvent insurmontable, apportée à l'intelligence, s'oppose à l'établissement de nouveaux journaux, dans lesquels des amis de l'ordre et de la raison réfuteraient victorieusement les argumens et les sophismes de leurs adversaires. C'est donc une carrière honorable qu'on ferme au mérite!

Les journaux cautionnés à 120 mille francs ont préparé la révolution de 1830; un cautionnement de la même somme n'empêcherait pas une nouvelle révolution, qui ne pourrait résulter que de l'inactivité du Gouvernement à remplir l'attente d'un peuple altéré de liberté et avide du bonheur que semblait lui promettre *une dynastie de rois citoyens.*

Un changement notable dans le ministère doit être le signal d'un nouveau système. La nation qui, depuis Necker jusqu'à M. Jacques Laffite, n'a jamais sympathisé avec la froide et risible insolence des banquiers, demande des hommes moins indignes de représenter les vertus sociales et la prévenante affabilité de son Roi. Sans doute ce n'est pas un danseur qu'il faut choisir pour ministre des finances; mais quelle sympathie pourrait trouver chez une nation spirituelle l'actif agent de l'aristocratie financière, qui reniant ses principes et sa jalousie anti-nobiliaire, a voulu que sa fille devînt, non pas baronne ou comtesse, ce qui eût été déjà fort ambitieux, mais princesse!

La dissolution de la Chambre des Députés, convoqués par Charles X et en vertu d'une loi, contre l'absurdité de laquelle j'ai protesté dans plusieurs de mes écrits, est une condition inséparable du nouvel ordre de choses. Il importe que la nation reçoive d'avance, de Votre

Majesté, l'assurance qu'un renouvellement intégral de la représentation nationale aura lieu immédiatement après la promulgation de la nouvelle loi électorale et électionnelle. Il doit y avoir homogénéité entre la nation et son Gouvernement, et les coureurs de places qui, dans leur intérêt personnel, ont contribué au renversement du trône de Charles X, sont presque tous ennemis d'institutions fondamentalement libérales, et n'accordent à la nation que des concessions arrachées par la crainte.

Il y a plusieurs mois que j'ai commencé à travailler cet écrit, et je me félicite de ce que mon opinion sur la grande majorité des deux cent vingt-un a été confirmée par leurs nombreuses fautes et par l'opinion fortement prononcée des journaux qu'ils n'ont pas soudoyés, comparativement auxquels je dois paraître fort modéré.

Par l'effet d'une imperfection de notre Charte, qui exige que toute loi obtienne la sanction de la Chambre des Députés, il est impossible que cette partie du pouvoir législatif réponde entièrement à l'attente publique. Peut-on supposer, par exemple, que la majorité de la chambre représentative approuvât deux lois conçues en ces termes :

« Nul ministre, nul fonctionnaire public, nul militaire, ne peut être député. »

« Aucun député ne pourra occuper un emploi civil ou militaire, si ce n'est au moins cinq ans après l'expiration de son mandat, ou après la dissolution de la Chambre dont ce député faisait partie. »

Cependant il est manifeste que les attributions du député consciencieux sont plus que suffisantes pour absorber tout son temps, et que la seconde disposition que j'indique serait un excellent moyen de prévenir les offres corruptrices des ministres et la vénale ambition par laquelle tant de députés viennent de flétrir leur titre (6).

J'ai traité sommairement des matières d'administration dont il me paraît *urgent* que le Gouvernement s'occupe, s'il ne veut pas, en se déconsidérant lui-même, dépopulariser le souverain autour duquel la France se presse avec amour et confiance. J'aurais pu donner plus d'étendue à cet écrit; mais on ne lit pas les gros volumes, à peine ouvre-t-on les brochures: je m'estimerai heureux si la mienne contribue à faire sortir le ministère, le conseil municipal et le préfet de police de l'état d'apathie dont ils sont frappés, et dont les promesses d'un meilleur avenir trouvent autant d'incrédules que les promesses de l'Évangile.

L'action personnelle du Roi sur les agens de son pouvoir est indispensable; la responsabilité ministérielle est une théorie insuffisante, surtout dans une situation entièrement exceptionnelle, car elle n'atteint pas à son coucher le ministre ou le fonctionnaire qui, ainsi que Titus, *ne devrait pas passer le jour sans faire le bien*, et qui trahit par son incurie les intentions paternelles du monarque et le vœu de la nation.

Voici encore quelques observations et titres de lois que je ne crois pas sans utilité, indépendamment de celles qui sont comprises dans les dispositions particulières à la suite de la Charte.

Il est une expression qui m'a toujours choqué, et qui doit disparaître sous un régime de vérité. Je parle du terme de *Mont-de-Piété*:

Quoi ! la piété chez un prêteur sur gages, à des intérêts usuraires prohibés par la loi ? Le Gouvernement doit faire immédiatement changer ce titre fruduleux et réduire l'intérêt à 5 ou 6 pour cent au plus (*).

Il importe de réformer, 1° la loi sur la contrainte par corps en matière dite commerciale, et que la jurisprudence des tribunaux de commerce applique abusivement à des non-patentés ;

2°. La loi barbare qui autorise l'emprisonnement à vie d'un débiteur étranger ou non formellement naturalisé.

Il est indispensable d'augmenter la fixation du dépôt à faire par le créancier, pour que son débiteur ait des alimens et les meubles nécessaires ; car (sauf le dépôt mesquin de 20 fr. par mois) la prison pour dettes n'offre ni un

---

(*) Depuis que j'ai écrit ceci, l'on a réduit l'intérêt du Mont-de-Piété à 9 pour cent. La révolution de juillet n'a, en toutes choses, obtenu que la faible moitié de ce qui lui était dû. Faudrait-il une autre révolution pour obtenir l'autre moitié ?

lit ni même de la paille, ni du pain, ni de l'eau à l'infortuné débiteur.

Vu la dépréciation du numéraire (à laquelle les législateurs semblent n'avoir jamais pensé), les 20 livres tournois fixées pour le dépôt d'aliment sous Henri IV représentent actuellement plus de 50 fr.

Il convient, 1° de graduer la durée de l'incarcération, relativement à la somme de la dette ;

2°. D'établir des mesures de police intérieure limitatives ou prohibitives, pour restreindre convenablement la dépense et les jouissances des débiteurs de mauvaise foi, qui évincent scandaleusement leurs créanciers et se livrent à des orgies quotidiennes ;

3°. D'instituer un tribunal à l'instar de celui de Londres, pour prononcer l'insolvabilité et l'élargissement du débiteur sans ressources, en publiant annuellement une liste contenant les noms et désignation des insolvables, à la suite de ceux qui auraient été déclarés tels dans tout le royaume. Ce petit livre servirait de guide aux personnes auxquelles on demande crédit, et d'épouvantail aux chevaliers d'industrie.

Pour obtenir le retrait du fonds commun de

l'indemnité, le Gouvernement, par l'organe de M. Thiers, a avancé que l'indemnité presque intégrale accordée par la restauration, aux émigrés seulement, et non point aux victimes de la faillite de l'État, qui réduisit les rentes au tiers consolidé et ruina tant de familles honorables, par ses assignats et son *maximum*, était *une injustice*. C'était au moins un acte de partialité impolitique; car les espérances d'indemnité d'une autre espèce, données par Charles X, étaient trop vagues pour détruire une certain sentiment d'animosité contre un grand nombre de ses ingrats privilégiés (7).

Tout le monde conviendra que disposer du fonds destiné aux émigrés, pour ne le point distribuer aux rentiers et aux propriétaires cruellement spoliés, et qui n'avaient point, comme la plupart des premiers, porté les armes contre la France, *n'est en aucune manière réparer l'injustice* que M. Thiers a signalée. Je ne songe point à proposer une mesure trop onéreuse pour le trésor; mais lorsque la situation de la France aura pris une certaine stabilité, ne pourrait-on proposer, pour contribuer à justifier le retrait des 80 millions restant de l'indemnité, d'en consacrer la dixième partie, ou la centième de ce qu'ont reçu les émigrés, c'est-à-dire environ 8 millions, à indemniser celles des familles, qui ayant été ruinées par le tiers consolidé, les assignats et le *maximum*, n'ont pu, après quarante ans de souffrances et de pénibles efforts, réparer ni même adoucir leurs infortunes?

Le Gouvernement actuel, qui semble se constituer l'héritier de la première révolution, devrait, à ce titre, n'en pas répudier entièrement les dettes, sous l'énorme fardeau desquelles il succomberait, mais dont il pourrait sans danger et avec fruit éteindre les plus criantes.

C'est ainsi qu'un débiteur de bonne foi, si ses affaires prospèrent après sa faillite, se réhabilite, du moins partiellement, en satisfaisant ceux de ses créanciers qu'il a rendus plus malheureux que lui. Une loi d'indemnité sur cette matière, présentée en temps opportun, aurait le triple avantage de faire considérer le régime actuel comme un gouvernement réparateur, de rappeler à la nation les désastres qu'a enfantés la république, et enfin, d'offrir une espèce de garantie au crédit public, en montrant que la France a les moyens et la volonté de réparer une partie de ses anciennes erreurs.

LA RAISON ET L'INTÉRÊT PUBLIC RÉCLAMENT :

Une loi pour autoriser le divorce, auquel la foi catholique a seule pu mettre obstacle. Aucun motif prétendu religieux ne peut maintenant s'opposer à la délivrance légale des époux qui gémissent dans leur chaîne. On sait que dans les pays protestans le divorce est autorisé et qu'il y produit d'heureux effets.

L'abolition de la loi sur les fêtes et dimanches. La perte des produits du travail pendant cinquante-un jours par année est une grande source de misère, et un gouvernement qui n'adopte que la base fondamentale de toutes les religions n'a pas droit de prescrire un temps de désœuvrement et ordinairement de débauche, cause la plus efficiente des mauvais penchans et des mauvaises actions.

Une loi pour rendre la vaccination et même la double vaccination obligatoire, et aussi pour l'encourager par l'allocation d'indemnités suffisantes et de récompenses honorifiques aux vaccinateurs. Les redoutables chances de mort que fait peser, sur toute la population qui n'a pas eu la petite-vérole, le refus d'une ou de plusieurs personnes de se faire vacciner, sont un délit infiniment grave, et digne d'une haute répression pénale et fiscale, puisque la petite-vérole, livrée à elle-même, entraîne au tombeau la septième partie des générations. Le même droit qu'a la société d'exiger la sépulture des cadavres qui pourraient causer de fatales épidémies, elle l'a de combattre et de prévenir un fléau plus redoutable que la peste, et qui flétrit d'un type repoussant tant d'objets destinés à aimer et à être aimés.

Une loi qui déclare hautement que le mariage des prêtres est licite, utile aux mœurs et à la patrie, et prononce une peine contre les fonctionnaires qui refuseraient de sanctionner de tels mariages.

Le Gouvernement, surtout lorsqu'il aura adopté un système de nouvel impôt sur les successions, indiqué dans *Paris et Londres comparés*, et qui sera extraordinairement productif, pourrait consacrer une certaine somme à distribuer dans chaque département, suivant ses besoins, à former, dans la capitale et dans toutes les communes de France, des commissions permanentes ayant pour objet de procurer aux gens sans emploi et aux ouvriers du travail, ou, à défaut, des secours. A mesure que de nouvelles machines sont inventées et mises en usage, la force physique des hommes se trouve sans application; la société, sous peine d'être exposée à de dangereuses perturbations et taxée d'inhumanité, doit donc pourvoir à ce que tous les citoyens soient occupés et soulagés; or, il y aura de l'ouvrage pour bien des siècles, jusqu'à ce qu'on ait transformé la France en un immense jardin, parsemé de mille cités brillantes, de superbes constructions architecturales, et pourvue de tout ce qui peut rendre la vie du peuple commode et agréable, et l'assurer contre les misères humaines.

J'ai publié en 1818 une brochure intitulée : *Tableau dispositif de la session de* 1819, qui pourrait encore servir pour la session actuelle. Il est manifeste que s'il avait été consulté par le gouvernement de Louis XVIII ou de Charles X, ce dernier souverain serait encore sur le trône, puisque les lois et améliorations, dont je provoquais la création, auraient préparé le bonheur des Français.

Je désire vivement que mes Feuillets supplémentaires n'aient pas le même sort que mon Tableau dispositif, qui prouve du moins que mes principes, qui sont ceux d'un libéralisme ami de l'ordre, n'ont jamais varié.

J'ai l'honneur d'être, avec les sentimens les plus respectueux,

SIRE,

DE VOTRE MAJESTÉ,

Le très humble et très obéissant serviteur,

AMÉDÉE DE TISSOT.

OBSERVATIONS

SOMMAIRES

SUR QUELQUES ARTICLES

DE

LA CHARTE DE 1830.

Le préambule de cette Charte est excessivement incomplet; l'importance d'un changement de dynastie et de constitution méritait bien que l'on prît la peine de consacrer une page à le motiver, et à prouver à la France et à l'Univers que toute autre combinaison, régence, république, rappel de la famille proscrite ou d'un de ses membres, eût été funeste à la patrie.

« Le salut du peuple est la suprême loi. »

On pourrait suppléer, quoique tardivement, à cette fâcheuse lacune dans *la Charte expli-*

6

cite, dont je propose la création, et qui serait confirmative et explicative de la Charte succincte. Elle aurait sur celle-ci encore un grand avantage ; c'est que sa date ne jurerait pas avec le soi-disant vœu du peuple, émis le 7 août, lorsqu'à peine les provinces étaient informées de la révolution de Paris, tandis qu'aujourd'hui toutes les communes ont sanctionné l'avènement de Louis-Philippe au trône.

Dans l'exemplaire de la Charte de 1830, que j'ai sous les yeux, on dit : « La Chambre » des Députés déclare....... que les articles » suivans de la même Charte doivent être » supprimés ou modifiés de la manière qui » va être indiquée. »

Les articles *suivans*...... dont les cinq premiers et trente-deux autres n'ont été ni supprimés ni modifiés : quel style !

Il fallait écrire : « et que dans le même » acte plusieurs articles doivent être supprimés » ou modifiés; propose, à l'acceptation de » Louis-Philippe d'Orléans, la Charte dont » voici la teneur : »

Art. Ier. « Les Français sont égaux devant » la loi, quels que soient d'ailleurs leurs titres » et leurs rangs. »

Et les étrangers sont-ils égaux, inférieurs ou supérieurs aux Français? On aurait bien pu leur consacrer, du moins par politesse, un petit article, en considérant que la France nourrit sur son sol trente fois plus d'étrangers que telle petite république régulièrement constituée, de notre voisinage, n'a de citoyens.

Le même sentiment de convenance aurait bien pu faire rappeler que le Roi et sa famille sont dans une situation exceptionnelle et plus élevée que celle des autres Français, même devant la loi.

Il faut, au reste, n'avoir jamais ouvert nos Codes, pour avancer une absurdité aussi choquante que cette prétendue égalité.

L'article 1er, dont le laconisme laisse douter s'il est question des Français seulement, ou des Français et des Françaises, contient implicitement ce qui suit :

Les Français de tout âge, de tout sexe, de toute profession, de tout rang, quelque place qu'ils occupent, qu'ils soient majeurs ou mineurs, ex-forçats ou pairs de France, sains d'esprit ou en démence, etc., sont égaux devant la loi.

En conséquence, les femmes (*) auraient été appelées par la loi de recrutement, aussi bien que les hommes; celles qui sont mariées n'auraient pas eu besoin de l'autorisation de leurs maris pour contracter des engagemens.

Le soldat qui est condamné à mort pour

(*) Qui sait, au reste, si telle n'a pas été l'intention du roi législateur? Dernièrement les Belges ont appelé à la défense de la patrie leurs compatriotes *de tout âge et de tout sexe!* Ne fût-ce que comme exercice gymnastique et comme spectacle national, ce serait une délicieuse innovation, qui offrirait un coup d'œil ravissant, que celui d'une dixaine de mille jeunes filles et femmes, de 15 à 25 ans, choisies sur plus de 50 mille de cet âge, que contient la capitale, parées d'uniformes appropriés à leur sexe et des couleurs les plus brillantes, d'écharpes, de plumes et de diamans: ces dames formeraient la garde d'honneur de la Reine et des Princesses. On assure que Mme de Lafayette avait eu l'idée d'un enrôlement de femmes, mais qui aurait eu pour but de servir à la défense de la patrie! Peut-être que l'institution de régimens féminins contribuerait à exciter des réflexions philanthropiques chez les rois et les diplomates, qui, par égard pour le beau sexe, deviendraient les imperturbables amis de la paix.

avoir exercé des voies de fait envers son supérieur, pourrait, même actuellement, se prévaloir de la Charte, et affirmer qu'il a des chefs, mais point de supérieur, que tous sont égaux devant la loi !

Les insultes faites aux ministres de la religion et aux agens du pouvoir, ne seraient pas plus gravement punies que celles qu'on adresse au dernier décrotteur qui vous estropie le pied ; et les filles publiques, qui vivent en France sous un régime exceptionnel, se placeraient au niveau des femmes honnêtes !

On doit encore observer que pour que les Français fussent réellement égaux devant la loi, il faudrait qu'ils le fussent aussi *devant la fortune ;* car, l'homme pauvre, qui n'a pas de quoi faire citer des témoins, payer les frais de certificat de médecin, de timbre et d'enregistrement, celui qui est réduit à se passer d'avocat, ou à n'obtenir que l'appui trompeur d'un défenseur novice et sans talent, n'est assurément pas l'égal de l'homme riche, qui se présente devant les tribunaux, armé de toutes pièces et secondé par un habile avocat, dont il faut payer les phrases au poids de l'or.

« Art. 2. Ils contribuent indistinctement,
» dans la proportion de leur fortune, aux
» charges de l'État. (*) »

Cela est faux sous le régime actuel; ce le serait encore après l'adoption du projet de loi présenté par M. Lafitte.

Il est absurde de ne compter, par exemple, que 4 fr. 50 cent. pour trois journées de travail d'un riche banquier, capitaliste, comme on pourrait l'exiger de l'ouvrier le plus pauvre. Plusieurs numéros de différens journaux, et surtout du *Messager*, ont montré l'inadmissibilité du projet de loi que ce banquier a fait rabotter et mettre à neuf, pour le caser à la Chambre, et j'attendrai qu'on en élabore un plus raisonnable pour en signaler les imperfections; car il y a toute apparence qu'il serait encore trop favorable à l'aristocratie financière, qui stipule habilement dans son intérêt personnel, et qui, peut-être, le ferait encore par ignorance et machinalement. Au reste,

---

(*) Il fallait mettre à l'acquittement ou à la libération des charges de l'État; ce qui est précisément le contraire de ce qu'exprime cet article.

l'intention principale du rédacteur de la Charte était d'exprimer cette idée : « Les titres de » noblesse ni les fonctions de prêtres ne sont » point des motifs d'exemption ou de diminu- » tion d'impôt. »

Ainsi que je l'ai exprimé dans *Paris et Londres comparés*, je voudrais que l'impôt reçût un accroissement progressif et proportionné à l'excès du superflu dont le contribuable jouirait ; et je ne vois aucune raison, par exemple, pour ne pas faire payer un fort impôt, tel que 150 fr. par cheval, aux gens qui ont des chevaux ou des voitures de luxe, et qui, dans toute leur vie, n'ont souvent cherché et découvert que ce puérile moyen de se distinguer.

« Art. 3. Ils sont tous *également* admis- » sibles aux emplois civils et militaires. »

Dans ce cas, sans se donner la peine de chercher des capacités, des respectabilités, des célébrités personnelles ou héréditaires (car celles-ci sont aussi une garantie pour l'État, et l'insouciance à l'égard des rejetons d'une famille honorablement illustrée est une tache d'ingratitude pour une nation); dans ce cas, dis-je, il suffirait de tirer au sort pour savoir les noms des généraux ou des ministres à nommer, au risque de voir ces postes éminens occupés par des femmes ; car, dans les deux précédens articles, les Français signifient les individus français de l'un et de l'autre sexe, d'où il faudrait conclure qu'ici l'on parle encore des deux sexes ; d'ailleurs, une fois pour toutes, il faut renoncer à cette manie d'égalité illusoire. Il ne peut, il ne doit exister d'égalité d'admissibilité qu'à égalité de talens, de vertus, d'activité, de travaux et de titres réels.

« Art. 4. Leur liberté individuelle est éga-
» lement garantie, personne ne pouvant
» être poursuivi ni arrêté que dans les cas
» prévus par la loi et dans la forme qu'elle
» prescrit. »

Que dans les cas prévus par la loi! Par quelle loi? Il est manifeste qu'il ne s'agit pas seulement des lois existantes lors de la promulgation de la nouvelle Charte, mais encore de toutes autres lois restrictives et oppressives de la liberté individuelle, qui pourraient être sanctionnées par un gouvernement timoré ou tyrannique.

Pour ne parler ni de la liberté de se réunir pour traiter de matières politiques ou religieuses, ni de celle de faire imprimer ou d'afficher des journaux ou des écrits politiques, libertés qu'on s'occupe actuellement à limiter, au grand désappointement des publicistes sans cautionnement et des orateurs clubistes; il est incontestable que la moindre ordonnance du préfet de police, que le moindre arrêté d'un maire, qui prescrit l'heure passé laquelle il défend à ses administrés de sortir, sont des mesures qui n'ont reçu aucune sanction des trois pouvoirs qui confectionnent la loi.

Quel est le régime plus tyrannique et plus redoutable que la mise en état de siége? Il n'en est aucun; et cependant ce ne sont point les trois pouvoirs constitutionnels qui prescrivent cette mesure, qui peut avoir lieu dans l'état de paix la plus profonde avec l'étranger, et peut-être exposer les habitans de la capitale à être exterminés et décimés.

Ainsi, les promesses de la Charte, quant à la liberté individuelle, peuvent être facilement éludées.

« Art. 5. Chacun professe sa religion avec » une égale liberté, et obtient, pour son » culte, la même protection. »

En réalité, cette clause du contrat national

et royal est inadmissible, et d'ailleurs elle n'est nullement observée.

Pour que tous les individus obtinssent, pour leur culte, la même protection, il faudrait que le budget fît une dépense proportionnée au nombre de religionnaires qui le professeraient, et les protestans et les juifs seraient beaucoup mieux partagés qu'ils ne le sont aujourd'hui. Le culte catholique est manifestement, et toute proportion de sectaires gardée, bien plus dispendieux et onéreux au trésor que les autres.

Sans parler de la religion des Saint-Simonistes, qui, dit-on, veulent la communauté des femmes et par conséquent celle des hommes, cet article autoriserait le rétablissement des temples de Vénus et autres de cette espèce, et je doute que telle ait été l'intention du peuple qui l'a approuvé. L'article 6 de l'ancienne Charte était conçu en ces mots :

« Cependant la religion catholique, apostolique et romaine est la religion de l'État. »

Je considère la religion catholique romaine et toutes les sectes chrétiennes, telles qu'elles sont professées, comme ne pouvant servir de base pour l'administration d'un état, puisque ses soins doivent tendre à en augmenter constamment la prospérité temporelle et la richesse, tandis que le christianisme exige le vœu de pauvreté et des privations et mortifications de toute espèce. Un gouvernement sincèrement chrétien devrait, pour agir conséquemment, travailler à l'anéantissement du genre humain, pour empêcher la naissance des milliards d'hommes réprouvés, qui sont prédestinés aux flammes éternelles.

D'un autre côté, un gouvernement qui n'ose faire profession d'aucune foi religieuse quelconque me paraît aussi blâmable qu'un homme qui aurait cette lâcheté; j'aurais donc désiré que la France eût reconnu, pour principe de son action sur le perfectionnement de la nation avec la raison et la philanthropie, la base primordiale de toutes les religions; ce qui aurait eu cependant l'inconvénient de rappeler la profession de foi du peuple français sous Robespierre (*).

Art. 6. « Les ministres de la religion catho-

(*) Le peuple français reconnaît l'Être-Suprême et l'immortalité de l'âme.

» lique, apostolique et romaine, professée
» par la majorité des Français, et ceux des
» autres cultes chrétiens, reçoivent des trai-
» temens du trésor public. »

Dans l'art. 7 de la Charte de Louis XVIII, il y avait : reçoivent *seuls* des traitemens du trésor royal.

Maintenant que la Chambre des Députés vient de voter des traitemens pour les ministres du culte israélite, ou l'article 6, qui semblait les exclure de cet avantage, est sans but, ou il faut le modifier aussi par une clause additionnelle en faveur des juifs. On voit combien le canevas de la Charte est élastique!

Professée par la majorité des Français est une superfétation déplacée. Puisque le but de la Charte n'est point de constater des faits, mais d'imposer des obligations à l'autorité et au peuple français. Au reste, s'il est incontestable que la majorité des Français est *nominalement* catholique, il est plus que vraisemblable que si l'on en déduisait les déistes, les athées, ceux qui ne croient point à la résurrection des âmes et des corps, et les insoucians; si l'on ne comptait de catholiques que ceux qui sont convaincus de tout ce qu'indique le *Credo*, des miracles de l'ancien et du nouveau Testament, de la résurrection en chair et en os de Jésus-Christ, de son enlèvement au ciel, du miracle de la transsubstantiation, de l'éternité des supplices qui attendent la presque totalité de l'espèce humaine; assurément ces catholiques-là, pour l'honneur de la raison humaine, seraient en très faible minorité.

« Art. 7. Les Français ont le droit de publier » et de faire imprimer leurs opinions, en se » conformant aux lois; la censure ne pourra » jamais être rétablie. »

Le vague de la première partie de cet article n'est pas une garantie suffisante pour la liberté de la presse, sur laquelle on fait annuellement des lois plus ou moins oppressives; il faudrait en faire aussi de rémunératives, en songeant à l'instruction politique et aux bienfaits que de sages et d'habiles publicistes peuvent répandre sur la nation et sur l'univers.

« La censure ne pourra jamais être rétablie. » Mais n'est-ce pas exercer une censure, que d'arrêter un journal avant qu'il ne parvienne à ses lecteurs? Il me semble cependant que le fait est arrivé il n'y a que peu de jours (en novembre 1830) (*).

« Art. 8. Toutes les propriétés sont inviolables, sans aucune exception de celles qu'on appelle *nationales*, la loi ne mettant aucune différence entre elles. »

« Art. 9. L'État peut exiger le sacrifice d'une propriété pour cause d'intérêt public légalement constaté, mais avec une indemnité préalable. »

Toutes les propriétés sont inviolables : oui, sauf la partie qu'en prélève annuellement l'État à titre d'impôt ; mais je crois pouvoir attribuer à l'État des droits plus étendus, tels que celui d'un impôt assez considérable, lors de la transmission des propriétés par succession. On a attaqué le droit d'hérédité dans la noblesse, dans la pairie, dans la royauté ; il faudra bien qu'il subisse quelques atteintes moins graves dans la propriété immobilière et mobilière par droit d'héritage.

(*) Je parlerai bientôt de la loi absurde et tyrannique qu'on propose pour remplacer la censure théâtrale.

La loi peut et devrait stipuler des conditions à la propriété, par exemple, proscrire l'usage des matériaux combustibles pour la construction des maisons et celui des toits couverts de chaume ; elle peut obliger les propriétaires de maisons à faire en sorte que l'eau de leur toit ne se répande pas sur les passans ; et comme on contraint actuellement un propriétaire qui élève une maison à Paris, à faire les frais d'un trottoir, on peut lui imposer toutes les autres charges résultant de l'intérêt public, telles que celles des frais d'un brillant éclairage par le gaz, d'auvents ou d'arcades, pour que le public soit moins exposé aux intempéries de l'air et à l'ardeur du soleil : on peut lui prescrire la hauteur que doit avoir sa maison et le modèle qu'il doit suivre pour éviter les disparates.

En vérité, l'on est bien moins scrupuleux lorsqu'il s'agit de la personne des citoyens, qu'on envoie à l'armée de ligne ou nationale, faire le sacrifice de leurs membres, et de leur vie, sans indemnité préalable ni postalable, et lorsqu'on les force à revêtir l'uniforme et à ne pas s'écarter d'un pas, fût-ce pour éviter un boulet de canon !

« Art. 10. Toutes recherches des opinions » et votes émis jusqu'à la restauration, sont » interdites. Le même oubli est commandé » aux tribunaux et aux citoyens. »

Cette injonction de la Charte n'ayant été confirmée par aucune loi pénale, a souvent été violée par les citoyens et peut être considérée comme l'observation de certaines formalités juridiques qui ne sont pas prescrites à peine de nullité. Les lois qui ne sont ni obligatoires, ni coercitives, ni préventives, ni castigatives, devraient être nommées *invitations*.

« Art. 11. La conscription est abolie. Le » mode de recrutement de l'armée de terre » et de mer est déterminé par une loi. »

Cette loi, qui, chaque année, peut éprouver des variations, n'a rien de très rassurant pour les pères et mères, et pour les jeunes gens d'un caractère pacifique. Je ne crois pas qu'il y ait plus de plaisir à être recrutataire que conscrit.

Formes du Gouvernement du Roi.

« Art. 12. La personne du Roi est inviolable et sacrée. Ses ministres sont responsables. Au Roi seul appartient la puissance

» exécutive. » (C'était textuellement l'article 13 de la Charte de Louis XVIII.)

La personne du Roi est inviolable et sacrée!

Inviolable! Pauvre langue française! Voilà un article qui défend à une jolie femme de violer le Roi : le cas est heureusement prévu par le Code pénal.

Sacrée! Il y a toute apparence que le Roi ne se fera pas sacrer par le Pape. Mais prenons les expressions inviolable et sacrée dans une acception plus large : que gagnent les rois à donner ou à jurer des constitutions, qui ne leur offrent que des garanties illusoires, si une fraction du peuple peut déposer et envoyer promener toute une dynastie, sans attenter à sa prétendue inviolabilité. C'est ici qu'on sent encore le besoin d'une Charte explicite.

Ses ministres sont responsables! Et aucune pénalité, depuis la restauration et la nouvelle révolution, n'a été décrétée contre des ministres infracteurs ou faussateurs de la constitution, et traîtres envers le Roi ou envers le peuple!

« Au Roi *seul* appartient la puissance exé-
» cutive! »

Cela est faux. Les autorités, nommées

au nom du Roi, agissent souvent et légalement de leur chef, sans avoir préalablement reçu des ordres spéciaux du monarque. Il fallait dire : « Au Roi seul appartient la puis- » sance exécutive *suprême ;* » encore devrait-on déterminer en quoi consiste cette puissance; car, dans les mains du Roi, le pouvoir législatif et la puissance *ordonnancielle* sont connexes.

« Art. 13. Le Roi est le chef suprême de » l'État. »

On pouvait ici se borner à mettre le chef de l'État; on dit chef de bataillon, et non pas chef suprême de bataillon. « Il commande » les forces de terre et de mer. » Il fallait dire : il commande *ou fait commander;* « déclare » la guerre, fait des traités de paix, d'alliance » et de commerce, nomme à tous les emplois » d'administration publique, et fait les règle- » mens et ordonnances nécessaires pour l'exé- » cution des lois. »

Jusqu'ici l'article 13 est textuellement le 14 de la Charte de Louis XVIII, qui comprenait, après ces mots, « pour l'exécution » des lois, » *et la sûreté de l'État.*

On a ajouté à la nouvelle Charte : « sans » pouvoir jamais ni suspendre les lois elles-

» mêmes, ni dispenser de leur exécution (*). »
Il eût été plus correct de dire : « sans pouvoir » arrêter ni suspendre l'exécution des lois. »

Après ces mots : « sans pouvoir jamais ni » suspendre les lois elles-mêmes, ni dispenser » de leur exécution, » on lit : « toutefois » aucune troupe étrangère ne pourra être » admise au service de l'État qu'en vertu » d'une loi. »

Quand on est assez bon français pour ne pas désirer la présence de troupes étrangères dans sa patrie, on devrait savoir assez bien le français pour ne pas faire un barbarisme, tel que celui que contient cette phrase.

(*) Les défenseurs des ex-ministres ne manqueront sans doute pas de se prévaloir de cette addition, pour prouver que l'article 14 de l'ancienne Charte était au moins ambigu, et laissait une puissance illimitée au Roi. (20 *février* 1831.) Le peuple vient de briser le buste de Louis XVIII, qui déparait, par sa rotondité anti-classique, l'entrée du Muséum. Il est assez bizarre qu'on impose à notre vénération et à notre obéissance l'ouvrage presque textuel du protecteur de Mme du C****, et qu'on ne songe pas à *restaurer* le buste du roi restaurateur.

Toutefois est une conjonction adversative, qui signifie *cependant, néanmoins* : il n'y a ici aucune connexion avec la phrase précédente. Cette faute impardonnable est un nouveau motif de désirer l'intervention de l'Académie française dans la rédaction des lois.

« Art. 14. La puissance législative *s'excerce*
» collectivement par le Roi, la Chambre des
» Pairs et la Chambre des Députés. »

Pour plus de précision, il aurait fallu dire :

« Aucune nouvelle loi ne peut être mise à
» exécution, si elle n'a été préalablement ap-
» prouvée par les Chambres des Pairs et des
» Députés, sanctionnée par le Roi, promulguée
» et inscrite au *Bulletin des Lois*. »

« Art. 15. La proposition des lois appartient
» au Roi, à la Chambre des Pairs et à la
» Chambre des Députés. Néanmoins toute loi
» d'impôt doit être d'abord votée par la Cham-
» bre des Députés. »

Cet article représente l'article 16 de l'ancienne Charte, conçu en ces termes : « Le Roi » propose la loi. » Dans une de mes brochures précédentes, je me suis élevé contre cette disposition restrictive et anti-libérale. Au reste, il est de fait que la proposition des lois appartient, non-seulement au Roi et aux deux Chambres, mais encore aux auteurs, aux journalistes et à toute personne qui, bénévolement, adresse des sujets ou projets de loi à l'une des Chambres. C'est prendre une peine bien inutile; il y a long-temps que MM. les Députés ont dit :

« Nous seuls ferons des lois pour nous et nos amis. »

« Art. 16. Toute loi doit être discutée et » votée librement par la majorité de chacune » des deux Chambres. »

La rédaction de cet article est imparfaite; on dirait qu'il suffit que la majorité et, par exemple, les 300 de M. de Villèle, ou bien les prétendus libéraux qui sont actuellement en majorité à la Chambre des Députés, eussent discuté et voté librement une loi, en l'absence de tout membre de l'opposition, pour qu'elle fût valablement élaborée. Il fallait mettre : « Le projet de toute loi, non encore légalement existante, doit être, à peine de » nullité, discuté successivement dans les » deux Chambres législatives; et ce n'est qu'après avoir obtenu dans chacune d'elles la » majorité des suffrages, qu'il pourra être présenté à la sanction du Roi. »

« Art. 17. Si une proposition de loi a été » rejetée par l'un des trois pouvoirs, elle » ne pourra être représentée dans la même » session. »

Il aurait fallu mettre : « par l'un des trois » pouvoirs législatifs, » et ajouter cet article à la suite du précédent, qui, sans cela, est incomplet. Au fond, s'il s'agissait d'une loi urgente, par exemple, de l'organisation de la garde nationale, on ne voit pas pourquoi le rejet d'un projet vicieux, imparfait ou improuvé, devrait priver la nation d'institutions dont pourrait dépendre sa sûreté ou son indépendance ! Les conséquences du rejet de la loi départementale et communale, fatales à la dynastie déchue, sont un avertissement pour supprimer l'article 17 de la nouvelle Charte.

« Art. 18. Le Roi seul sanctionne et pro» mulgue les lois. » Il faudrait : « et fait » promulguer les lois. »

» Art. 19. La liste civile est fixée pour » toute la durée du règne par la première » législature, assemblée depuis l'avènement » du Roi. »

J'ai déjà fait observer dans mes *Feuillets supplémentaires de l'Agenda du Gouvernement*, que cette fixation ou prédétermination, pour tout un règne, est vicieuse dans ses conséquences, principalement à cause de la dépréciation successive du numéraire.

Si l'on ne voulait pas augmenter progressivement et annuellement le chiffre de la liste civile, il faudrait, pour ne pas agir comme des ignorans, calculer quelle serait la durée probable de la vie, non pas en général d'un homme de l'âge du Roi, mais de celle du monarque appelé à gouverner (ce qui porterait à quelques années au-delà de ce qu'indique le tableau des probabilités de la vie); ensuite préciser approximativement la dépréciation annuelle du numéraire, jusqu'à l'époque présumée d'un changement de règne, et prendre, dans cette progression, une moyenne proportionnelle géométrique, qui, à vue de pays, élèverait d'au moins 15 pour cent le chiffre de la liste civile du Roi Louis-Philippe. A l'époque où j'écris, ce chiffre n'est pas encore fixé.

Il est une remarque que l'impartialité à laquelle je m'attache ne peut négliger. La Charte d'Orléans dit, ainsi que celle de Louis XVIII : « par la première législature, assemblée *de-*

» *puis* l'avènement du Roi. » Or, à l'heure où j'écris, en décembre 1830, la Chambre des Députés est en majeure partie composée de personnes qui n'ont pas été assemblées *depuis* l'avènement du roi Louis-Philippe. La Chambre des Députés actuelle, du reste peu scrupuleuse à tous égards, commettrait une grave infraction à la Charte, en fixant, pour tout un règne, la liste civile; elle ne devrait stipuler que pour l'an 1831, en y ajoutant les arrérages depuis le 7 août 1830.

Il me semble que la Charte de 1830 aurait dû dire, en toutes lettres, qu'à chaque nouveau règne, les colléges électoraux nommeraient la totalité des membres de la Chambre des Députés. Si cette mesure est convenable dans l'ordre naturel de succession au trône, elle est indispensable dans le cas extraordinaire d'un changement de dynastie et d'une divergence notable d'opinions politiques entre Charles X et le Roi-citoyen. Le titre de membre des 221 n'en est plus un pour ceux qui se sont complètement dépopularisés par une rapacité scandaleuse, et par des votes opposés aux besoins et aux désirs de la nation.

De la Chambre des Pairs.

« Art. 20. La Chambre des Pairs est une » portion essentielle de la puissance légis- » lative. »

Cet article est une superfétation inutile : l'article 14 suffit.

Je n'examinerai pas, article par article, les stipulations de la Charte à l'égard de la Chambre des Pairs, dont l'organisation paraît devoir subir de graves modifications ; je me bornerai à exprimer quelques vues générales, qui pourront, dans la suite, influer sur cette organisation.

J'ai signalé, dans plusieurs de mes productions et dans mes *Feuillets supplémentaires*, l'imperfection radicale d'un système de représentation intermittente, et proposé de la partager en trois corps distincts et permanens, sauf dissolution ou prorogation effectuée par la volonté royale. Sans doute, les membres de ces trois sections de la Chambre, et particulièrement de celle des Députés, auraient droit d'obtenir des congés ; mais les travaux des Chambres devraient, dans mon projet, n'éprouver, dans toute l'année, aucune interruption sensible.

Dès le moment où l'on m'aura accordé que les représentans de la nation ne seront plus des hommes d'intrigue, qui viennent passer quelques mois à Paris pour chercher une illustration qu'ils auraient dû obtenir par leurs travaux avant d'être élus, et qui ambitionnent tout autre chose que les titres de législateurs, de criminalistes, de bienfaiteurs du peuple, et que nous aurons désormais des hommes qui se consacreront sérieusement à la chose publique, ainsi que l'ont fait un très petit nombre de Députés, dont le nom est cher à la France ; il nous faudra une représentation nationale continue comme les besoins et les périls de la nation, et comme l'action du ministère et de l'administration, qui doit être surveillée et parfois dirigée jour par jour, et non pas après six ou huit mois, lorsque le mal est fait et que le bien ne peut plus l'être.

Avec cette parfaite régularité que je voudrais introduire dans la marche des affaires, et sous une dynastie qui semble n'adopter que les titres personnels de chaque citoyen, presque sans égard pour les titres nominaux et les illustrations généalogiques (*), la Chambre des Pairs ne paraîtrait pas fort nécessaire ni même en harmonie avec le corps social moderne.

Mais en supposant une Chambre des Pairs coexistante avec la représentation continue que je propose, la Chambre des Pairs devrait également être permanente, et composée d'un nombre de membres au moins égal à celui de la Chambre représentative.

(*) Les journaux ont rapporté que Sa Majesté avait déclaré qu'elle ne ferait plus de simples anoblissemens. Il faut en féliciter ceux qui auraient eu l'imprudence de désirer de telles distinctions, dont il ne résulte aucun avantage matériel pour l'impétrant, et qui peuvent lui interdire de fait, dans certaines situations fâcheuses, des professions ou conditions, grâces auxquelles d'autres gens vivent très largement. D'ailleurs, les nouveaux anoblis sont exposés aux dédains de la vieille cour et à toute la haine du parti niveleur, plus hautain, plus impertinent que l'ancienne noblesse, qui souvent a pu s'écrier :

» Devant le tribunal où siégent ses arbitres,
» L'honnête homme est perdu s'il n'abjure ses titres. »

La qualité de Pair de France devrait être exclusivement accordée à des hommes que leurs lumières, leur éducation, leur carrière passée ou leurs ouvrages auraient fait connaître habiles à remplir les fonctions législatives et judiciaires, qui sont les attributs de la Chambre des Pairs; ainsi ce titre ne saurait être assimilé à une élévation nominale, comme seraient les qualifications nobiliaires de baron, comte ou marquis, dénuées de toutes attributions spéciales et données comme récompenses ou distinctions.

En adoptant le droit d'hérédité de la pairie, il faudrait également, à moins d'une inconséquence évidente, que le récipiendaire fût soumis à faire ses preuves de capacité (*).

Quant aux membres actuels de la Chambre des Pairs, j'en sais bon nombre qui seraient

---

(*) On ne peut exercer l'état de médecin, de chirurgien, de professeur dans diverses sciences, sans avoir subi des examens et prouvé sa capacité. Les fonctions de Députés, de Pairs de France, n'ont-elles pas sur la nation une influence aussi importante que celles des disciples de Côme et d'Hippocrate?

fort embarrassés si l'on voulait les soumettre à une épreuve si cruelle. Qu'il me soit permis d'examiner sommairement, à cette occasion, quelle a été la conduite de la Chambre des Pairs dans le procès des ex-ministres, que peut-être elle aurait absous, si, en octobre et au moment du procès, le peuple n'avait pas demandé avec acharnement leurs têtes, en menaçant celles de leurs juges. Ce procès aura une grande influence sur la constitution et même sur l'existence de la Chambre des Pairs.

Dans l'intérêt de la légalité, je remis moi-même, le 18 octobre, à M. le baron Pasquier, président de la Chambre des Pairs, un mémoire en droit de ma composition, manuscrit de 16 pages, dont les conclusions étaient que (légalement parlant) les cinq articles du Code pénal 91, 109, 110, 123, 125, dont le premier et le dernier emportent la peine capitale, n'étaient applicables ni aux ex-ministres, ni même à des ministres quelconques (*), et que l'art. 56

(*) Peu de jours avant le jugement des ministres, je soumis ce mémoire à M. B***, l'un des premiers

de la Charte restait sans application pénale possible, puisque les ministres passés (comme aussi les ministres présens) s'étaient toujours bien gardés de faire des lois qui pussent les atteindre.

Dans ce mémoire en droit, dont j'offre la communication aux personnes qu'il pourrait intéresser, j'avoue que j'ai commis l'irrévérence de qualifier l'erreur de la Chambre des Députés relative aux cinq articles du Code pénal, de *quintuple bévue*. C'était au mois de septembre une grande hardiesse de ma part; actuellement personne ne m'en blâmerait. M. le baron Pasquier m'a renvoyé mon mémoire par sa lettre du 29 octobre. Je ne puis affirmer qu'il ait influé sur la détermination de la Chambre des Pairs; ce qu'il y a de certain, c'est que, soit par ce motif, soit par précipitation, la Chambre des Pairs n'a pas fait à celle des Députés l'*honneur de rappeler aucun*

---

avocats de Paris, qui, après l'avoir lu en ma présence, convint que, *dans le langage des auteurs du Code pénal*, l'art. 115 est le seul qui inflige une peine aux ministres, que le Code pénal distingue des fonctionnaires publics.

des cinq articles cités du Code pénal. Il y a donc maintenant chose jugée, et l'on doit trouver surprenant qu'un homme qui n'a jamais été ni juge, ni magistrat, ni même avocat, ait mieux connu le sens du Code pénal que toute la Chambre des Députés.

La Chambre des Pairs a, de son côté, commis une double faute, d'abord en appliquant une pénalité quelconque basée sur l'article, inachevé, 56 de la Charte, et ensuite en inventant un châtiment que ces messieurs ignoraient peut-être ne pas exister dans notre Code pénal. Il paraît qu'ils ont voulu jouer sur le mot, et dédommager le peuple qui voulait *la mort* de Polignac, en prononçant *sa mort civile.* Je présume qu'ils ont aussi, par inadvertance, perdu de vue l'art. 56 du Code pénal sur la récidive, conçu en ces termes : « Quiconque » ayant été condamné pour crime, aura com- » mis un second crime emportant la dégra- » dation civique, sera condamné à la peine » du carcan.

» Si le second crime entraîne la peine des » travaux forcés à temps *ou la déportation,* » il sera condamné à la peine des travaux » forcés à perpétuité. »

MM. les Pairs ayant jugé que M. de Polignac était coupable d'un crime qui emportait ou entraînait la déportation, il est fort heureux que, dans la bagarre, ces messieurs ne se soient pas souvenus de l'article sur la récidive, sans quoi le prince romain aurait été forcé à tenir compagnie au pauvre Contrafatto, victime, peut-être, de la fatalité attachée à son nom (*).

Ce léger aperçu constate que, dans le procès des ex-ministres, la Chambre des Pairs et celle des Députés ont fait assaut d'inadvertance ou de distraction, pour ne pas dire d'ignorance : ce qui est complètement inexcusable dans une occasion aussi solennelle. La Chambre des Pairs a fait là un vrai coup d'état juridique; elle ne voulait pas verser le sang des ex-ministres, elle n'osait pas les absoudre et les exposer aux fureurs populaires; elle a pris un terme moyen, mais souverainement illégal.

Je ne m'appesantirai également pas sur le le chapitre de la Chambre des Députés, puisqu'on élabore dans ce moment la loi électionnelle, et que même des preuves mathématiques

---

(*) Contrafatto, signifie *contrefait, difforme*.

se briseraient contre certaines majorités parlementaires.

Il me semble que l'article 31, « Les Députés » sont élus pour cinq ans » (sans la stipulation qui existait dans la Charte de Louis XVIII, pour le renouvellement annuel et par cinquième), est en opposition avec l'essence de l'élément démocratique, qui vit de renouvellemens perpétuels dans ses représentans. La Chambre des Députés, devenue immuable pendant cinq années, peut offrir au Roi une résistance parfois injuste et fatale, puisqu'il ne peut la dissoudre sans blesser beaucoup d'amours-propres. La réélection intégrale occasione une extrême fermentation, suivie d'une trop longue stagnation. Enfin, les Députés, formant ainsi un corps compacte, trouvent trop de facilités à se perpétuer au pouvoir par des réélections de compérage; à cet égard,

« Les exemples fameux ne nous manqueraient pas. »

J'ai, il est vrai, indiqué un préservatif contre cette persistance, en proposant qu'un député sortant ne pût être éligible qu'après un intervalle d'au moins cinq ans; mais une telle loi est impossible, puisqu'elle exigerait la sanction de la Chambre des Députés. On sait que ces messieurs ne s'oublient pas ; et combien en peut-on compter qu'on n'eût pas perdus de vue avant l'expiration d'un lustre ?

« ART. 40. Aucun impôt ne peut être établi
» ni perçu, s'il n'a été consenti par les deux
» Chambres et sanctionné par le Roi. »

Ici se présente la question importante qui a été agitée en 1830 au sujet des déclarations de refus d'impôt faites d'avance, quoique, conditionnellement, dans différentes parties de la France : il est manifeste que cet article est imparfait et qu'il exige un correctif. Sans doute, chaque impôt, pris isolément, doit être discuté et voté ; mais refuser tout budget quelconque et un budget suffisant pour faire face aux charges de l'État, serait en opérer le renversement et un acte criminel !

Ici les stipulations ne sont point assez larges en faveur du Roi, dont les ministres, semblables aux prudens auteurs dramatiques de notre siècle, garnissent les loges et le parterre d'amis complaisans et même de claqueurs, pour obtenir un succès. Il faut convenir, sans parler de toutes les scènes comiques dont la Chambre est le théâtre, qu'il y a bien peu de dignité dans un gouvernement forcé, à l'imitation des marchands anglais, à solliciter, marchander, et, pour ainsi dire, à acheter des voix pour avoir une majorité!

Comme si un œil observateur, une bonne tête, ne représentait pas mieux tout ce qu'il y a de bon à représenter dans une nation, sur la terre et dans l'univers, que la convergence et le choc de tous ces élémens, qui renouvelleraient le chaos; témoin, l'excellente cacophonie des Belges pour le choix de leur constitution et de leur roi : et cependant je trouve chez les membres du congrès d'un peuple de quatre millions d'habitans, plus de franchise, de netteté de vues, de logique et de précision que chez les 430 députés de trente millions de Français.

Je le répète, notre système de représentation a besoin d'être refondu; il manque complètement de méthode, de régularité, de coordonnance et de dignité; il a cependant l'avantage considérable, et parfois l'inconvénient, d'occuper beaucoup les esprits de matières politiques.

Je pense donc que dans une charte, où tous les cas importans doivent être prévus, il faudrait stipuler que c'est un des devoirs indispensables des députés et des pairs, que d'examiner et de voter consciencieusement le budget, sans qu'il leur soit permis d'en refuser un *quelconque*, mais suffisant; et que dans le cas où les ministres et les chambres ne coïncideraient pas sur la fixation de son chiffre, le budget serait égal au onzième terme présumé d'une progression ascendante composée du chiffre du budget ordinaire, pendant les dix dernières années; car il est de la nature de tous les budgets du monde d'augmenter annuellement, soit par l'effet de la dépréciation du numéraire, soit parce que le Gouvernement doit sans cesse embrasser de nouveaux objets dans ses attributions (*).

« Art. 41. L'impôt foncier n'est consenti
» que pour un an; les impositions indirectes
» peuvent l'être pour plusieurs années. »

Je désirerais fort connaître les motifs de cette différenciation. Il me semble qu'on a pris le contre-pied de ce qu'on aurait pu

---

(*) Je ne fais qu'indiquer une idée, sans préciser toutes les stipulations qui pourraient en ressortir.

raisonnablement décider. On ne voit pas pourquoi l'impôt foncier ne pourrait pas également être consenti pour deux ou trois années et davantage.

Si nous allons avoir la guerre avec toute l'Europe, il eût été fort à désirer que l'impôt fût fixé d'avance, et que le Gouvernement fût autorisé à prélever, au besoin, tout ou partie de l'impôt de 1832. Quoique les Français ne soient heureusement pas des Suisses, où il y a de l'argent, il y aura toujours des hommes. Au reste, je suis persuadé qu'une grande partie des contribuables ne refuseraient pas d'acquitter volontairement, par anticipation, des contributions non échues; quand on expose sa tête et ses membres au feu de l'ennemi, on ne regarde pas à quelques cents francs de contributions. Si la France devait succomber dans la lutte, ce serait un singulier tour à jouer à son futur maître, que de lui présenter toute la population subsidiairement armée de quittances de l'impôt de 1831 et de 1832!

« Art. 43. Aucune contrainte par corps ne » peut être exercée contre un membre *de la* » *Chambre* durant la session, et dans les six » semaines qui l'auront précédée ou suivie. »

C'est d'abord une manière ambiguë de s'exprimer, que de stipuler par semaines ; car on peut douter s'il s'agit de 42 jours fixes, ou d'un nombre de semaines dont les fractions seront ou ne seront pas comptées comme une semaine entière en faveur du débiteur ; mais ce qu'il y a d'encore plus irrégulier, c'est cette stipulation, « *aucun membre de la Chambre,* » de quelle Chambre ? L'inexactitude de cette désignation vient de donner lieu à une réclamation infructueuse en faveur de M. Dubouchage, dont l'emprisonnement a été autorisé et peut avoir lieu pendant la durée de la session, par la Chambre des Pairs. Ces messieurs se placent au-dessous des Députés ! c'est pousser bien loin l'humilité chrétienne, et le désir de ne pas se rendre impopulaire par des priviléges !

« Art. 44. Aucun membre de la Chambre » ne peut, pendant la durée des sessions, » être poursuivi ni arrêté en matière cri- » minelle, sauf le cas de flagrant délit, » qu'après que la Chambre a permis sa pour- » suite. »

On ne voit nullement la nécessité de cet article, qui est une prime offerte au crime ou du moins aux crimes politiques. Un Député régicide qui n'aurait pas été pris en flagrant délit serait à Londres avant que la Chambre eût prononcé l'autorisation de l'arrêter; et s'il s'agissait d'une Chambre conspiratrice, chose qui n'est pas sans exemple, il faudrait bien que le Roi fît un coup d'état et passât par-dessus l'art. 44.

« Art. 56. L'institution des jurés est con-
» servée. »

J'ai démontré succinctement dans *Paris et Londres comparés* combien cette institution est vicieuse, et j'y ai proposé quelques améliorations. Je renvoie le lecteur à cet ouvrage, en attendant la réalisation de mon projet de *Journal des Législateurs*, où cette question serait traitée d'une manière plus complète et plus approfondie.

« Art. 67. La France reprend ses cou-
» leurs. »

Dans ces couleurs, le rouge représente le clergé, qui a cessé d'être un ordre. Quel dommage! c'est la partie la plus brillante du drapeau tricolore!

DISPOSITIONS PARTICULIÈRES.

« Toutes les nominations et créations nou-
» velles de pairs, faites sous le règne du roi
» Charles X, sont déclarées nulles et non
» avenues. » (Il aurait fallu mettre, et comme non avenues.)

Je ne reviendrai point sur l'illégalité manifeste de la Chambre des Députés, convoquée et dissoute par Charles X, et s'improvisant spontanément UNIQUE *pouvoir constituant* ; puisque, abstraction faite de ses actes précédens, elle a, à la date du 7 août, rendu dans son intérêt personnel un grand service à la France, en la préservant de l'anarchie et d'un régime provisoire ; d'ailleurs, la royauté de Louis-Philippe a été ratifiée par les députations des municipalités et gardes nationales de presque toute la France. Il est cependant assez singulier que lorsque l'ancienne et la nouvelle Charte exigent le concours *des trois pouvoirs* pour sanctionner la moindre loi d'intérêt local, la Chambre des Pairs ait été complètement évincée, lorsqu'il a été décidé qu'on changerait la constitution de l'État et qu'on mutilerait la Chambre des Pairs elle-même d'une manière cruelle.

« L'article 23 de la Charte sera soumis à un » nouvel examen dans la session de 1831. »

MM. les Pairs seront-ils admis à donner leurs voix dans cet examen? Peut-on croire que si la Chambre des Députés proposait ou la non-hérédité ou la suppression absolue de la pairie, la Chambre des Pairs, partie inséparable du pouvoir législatif actuel, voulût en quelque manière se suicider et renoncer à ses droits et à ses pensions?

C'est un défaut manifeste de notre constitution que l'indispensabilité de la coopération des trois pouvoirs aux actes législatifs, et l'on aurait dû prévoir les cas où, comme ici, une Chambre serait abusivement *à la fois juge et partie* (9).

J'en ai cité plus haut un autre exemple dans les projets de loi que je proposais, pour s'opposer à l'avidité des députés et pour en empêcher un bon nombre de s'incruster à perpétuité dans notre élément démocratique, dont l'essence est non-seulement la movibilité, mais encore le mouvement.

D'après ces considérations et d'autres qu'on pourrait spécifier, par exemple, la nécessité d'allocation au gouvernement d'un budget quelconque, et d'une loi électorale et électionnelle, toutes choses que, sous l'empire de la Charte actuelle l'une et l'autre des Chambres ont le droit de refuser et d'ajourner indéfiniment, au risque de compromettre les destins de l'État; je voudrais une addition au pacte fondamental, dont le but serait de préciser quand et comment le pouvoir royal, dans l'intérêt public, pourrait agir législativement, même lorsqu'une des deux Chambres s'opposerait à son action approuvée par l'autre Chambre. Ceci rentre parfaitement dans le système actuel du pouvoir des majorités, puisque, dans le cas que je suppose, il y aurait deux voix contre une, c'est-à-dire deux pouvoirs contre un; avec cette différence, que je considère le pouvoir royal comme prépondérant et capable de resister seul, même aux deux Chambres réunies, d'autant plus qu'il a toujours le droit de dissoudre celle des députés.

Lorsque viendra le moment d'une révision de la Charte de 1830 et de la création d'une Charte explicite, telle que je l'ai proposée, il faudrait que le Roi eût dans l'assemblée délibérante plusieurs commissaires chargés de veiller aux intérêts du trône et aussi à ceux de la partie du peuple non représentée (10), qui, comme je l'ai démontré, sont quelquefois en opposition avec l'ambition, l'esprit de parti et l'intérêt de l'une ou de l'autre Chambre.

« La Chambre des Députés déclare qu'il » est nécessaire de pourvoir aux *objets* qui » suivent :

» L'application du jury aux délits de la » presse et aux délits politiques. »

Il aurait fallu dire : « aux délits et crimes » commis au moyen de la presse, et aux délits » et crimes politiques. »

Nos députés paraissent avoir oublié l'art. 1er du Code pénal : « L'infraction que les lois » punissent de peines correctionnelles est un » délit.

» L'infraction que les lois punissent d'une » peine afflictive ou infamante est un crime. » Or, outre les délits, il y a des *crimes* politiques et des *crimes* commis par l'organe de la presse.

J'ai déjà exprimé combien il serait dangereux pour l'ordre social de diminuer la honte et la terreur qu'il doit y avoir à paraître devant la cour d'assises, et l'immoralité choquante d'y traîner les brigands en aussi bonne compagnie que serait celle de MM. Béranger, Jay, Jouy, de la Mennais, etc., et des innocens auteurs dramatiques, coupables d'avoir transporté Napoléon en Paradis et Benjamin Constant aux Champs-Élysées, sans avoir attendu le prononcé du jugement dernier.

« La responsabilité des ministres et des » autres agens du pouvoir. »

Les ministres de la révolution de juillet ont sauté par-dessus *cet objet*, qui, sans doute, ne se présentait pas à leurs yeux sous des formes agréables !

MM. les Pairs et les Députés pourraient-ils ignorer que c'est illégalement (et je ne dis pas injustement) que les ex-ministres ont été condamnés, et que, par conséquent, la nation est encore actuellement *sans aucune garantie légale* contre des ministres coupables?

« Déclare que toutes lois et ordonnances, » en ce qu'elles ont de contraire aux dispositions adoptées pour la réforme de la Charte, » sont dès à présent et demeurent annulées et » abrogées. »

C'est en vertu de cet article et du droit de publier ses opinions, que des clubs avaient reparu ; mais on a prouvé à leurs habitués qu'ils interprétaient mal les dispositions particulières de la Chambre des Députés; et tout le monde trouve que nous n'avons que trop d'orateurs, il ne nous manque que des penseurs.

Une disposition bien importante, qui aurait dû figurer du moins à la suite de la Charte, était la promesse d'une loi pour déclarer la liberté du commerce et de l'industrie, sauf les exceptions et avec les conditions rigoureusement nécessaires.

« Moyennant l'acceptation de ces dispositions et propositions, la Chambre des Députés déclare enfin que l'intérêt universel et pressant du peuple français appelle au trône S. A. R. Louis-Philippe d'Orléans, duc d'Orléans, lieutenant-général du royaume et ses descendans à perpétuité, de mâle en mâle, par ordre de primogéniture, et à l'exclusion perpétuelle des femmes et de leur descendance. »

C'est le peuple souverain qui a proposé et fait adopter au Monarque cette clause; mais dans 150 ans d'ici aucun des membres du peuple *souverain actuel* n'existera. Alors le peuple *souverain à venir* sera-t-il tenu d'obéir aux descendans de l'élu actuel? Il faudrait, pour entrer dans le système des admirateurs du pouvoir populaire, lui proposer quotidiennement la confirmation de son choix ; car, sans attendre la fin d'une génération, qui, de droit, semblerait n'engager en rien la liberté de *la génération future*, les majorités se déplacent promptement en France, où douze constitutions ont été jurées et abjurées dans l'espace de 40 ans. On voit combien une majorité de représentans et de représentés, dont les uns s'expriment avec les boules du scrutin et les autres avec des balles de fusil, est fragile et *ambulatoire*; mais ce défaut peut être compensé par l'application extrême que devrait apporter dans l'administration un roi qui, par la nature même de son intronisation, se trouve, comme un ministre qui perd la majorité, soumis à la chance d'être déposé par le peuple souverain mécontent ou qui aurait changé d'avis.

Je conviens que, dans différens pays, des changemens de dynastie ont eu lieu à l'avantage de la nation, qui est, sans comparaison, celui qui mérite le plus d'être consulté ; cependant c'est une remarque bien importante à faire, que, même en accordant aux légitimistes par droit de majorité de suffrages populaires, qu'il n'y ait en France ni carlistes, ni républicanistes, ni napoléonistes, sur 8 millions de citoyens français actifs, *le seul* qui ait été jugé digne du trône soit précisément celui qui, en l'absence de descendans plus directs, était appelé à régner *par droit de naissance!* Ceci équivaut à une preuve mathématique de l'excellence de la légitimité par droit de naissance, du moins dans la dynastie des descendans de Henri IV. Quant au jeune Henri de Bourbon, dont l'absence suffirait pour légitimer actuellement le gouvernement de S. M. Louis-Philippe, je prie le lecteur de parcourir la note 8, léger extrait de ma réponse non imprimée à M. de Kergorlay.

Les droits héréditaires du Roi ne sont point nuls à mes yeux; c'est aux Bourbons que la France doit l'agrandissement et la prépondérance qu'elle avait acquis sous Louis XIV, et possédait encore sous Louis XVI. Il y avait *propriété* du sceptre et *prescription* en leur faveur, et les suffrages de neuf siècles sont une majorité unanimique, en comparaison d'un quart de siècle d'essais malheureux; car on doit compter aussi les suffrages des morts :

en voici la preuve. Je suppose qu'il fallût dix années pour recueillir les suffrages de tous les individus français à une constitution ; au bout de dix années, il y en aurait dix millions de morts, et pourtant leurs votes seraient valables, comme les dispositions et la signature d'un testateur !

Je suis fâché de paraître coïncider avec les doctrinaires qui ont inventé le mot de *quasi-légitimité ;* mais je suis réellement fort éloigné de partager leurs principes : une chose incomplète, telle que l'exprime le mot *quasi,* ne saurait satisfaire un esprit juste.

Voltaire, en chantant Henri IV, dit qu'il

. . . . régna sur la France,
Et par droit de conquête et par droit de naissance.

On pourrait dire de S. M. Louis-Philippe :

qu'il régna
Par le vœu des Français et par droit de naissance.

Il n'y a donc pas actuellement *quasi,* mais *double légitimité ;* et certes le sang de Henri IV, qui circule dans les veines de la dynastie d'Orléans, y est assez reconnaissable, pour qu'elle-même et la France entière en doivent être glorieuses.

Dans les *Feuillets supplémentaires* qui précèdent, je n'ai nullement abordé les questions de politique extérieure ; et, d'ailleurs, les évènemens extraordinaires qui ont eu lieu depuis l'époque où j'ai commencé à travailler à cette brochure, auraient facilement pu tromper mes prévisions. Je désire que la France recouvre ses anciennes frontières ; l'intérêt bien entendu de l'Europe s'y trouverait, ainsi que dans la reconstitution du royaume de Pologne ; car la Russie est la seule puissance dont les progrès soient vraiment redoutables pour l'indépendance des peuples européens et asiatiques. Son excessive prépondérance est d'autant plus à craindre, que ni le caractère de son chef et de sa dynastie, ni les mœurs dans ce climat sauvage, n'offrent des garanties pour la civilisation.

Néanmoins je n'approuve nullement l'humeur propagandiste de ces fanatiques français, qui d'abord ont parsemé l'Europe de républiques, puis de toutes les royautés napoléoniennes, et voudraient enfin y implanter exclusivement notre triste gouvernement représentatif ! Système qui, j'en conviens, n'a pas empêché l'Angleterre de s'étendre et de s'enrichir sous la longue démence de Georges III, mais qui aussi ne s'est point opposé aux déceptions des règnes de Louis XVIII et de Charles X, et prive actuellement la France de l'action immédiate d'un souverain ami et aimé du peuple.

Il en est de nos constitutions comme de nos modes ; au moment où elles sont adoptées dans l'étranger, nous-mêmes en sommes déjà dégoûtés et en reconnaissons tout le ridicule, pour les remplacer par d'autres encore plus extravagantes : il faut convenir cependant que nos tailleurs de constitutions ont moins de succès, d'agrément et même de célébrité, que les modistes et les tailleurs de la rue Vivienne.

Tirons le meilleur parti possible d'une Charte qui réclame de nombreuses améliorations, ainsi que notre législation et le personnel de l'administration ; mais n'allons pas tardivement et lorsque toutes les Chambres des Députés françaises sont successivement tombées dans l'opinion publique, nouveaux Don Quichottes politiques, encombrer l'Europe de prétendues représentations nationales, et même de nouveaux souverains ballotés ou improvisés.

Peut-on se passionner pour le despotisme et l'absolutisme des majorités qui forment l'essence du gouvernement représentatif, quand on songe que la France accorde exclusivement les honneurs du Panthéon à Benjamin Constant et à Manuel, et ne sympathise qu'avec les membres d'une faible minorité, qui, même sous le Roi-citoyen, seraient encore opprimés et anéantis par la majorité actuelle de nos représentans malgré nous?

Il n'y a nullement de quoi s'extasier devant notre hiérarchie sociale, où les distinctions, sauf la richesse, sont de futiles colifichets, des rubans qui ont pour objet de flatter les yeux, dans le même temps où l'on supprime les titres nobiliaires, qui étaient consacrés à flatter l'amour-propre par l'organe de l'oreille.

Il est vrai que ces titres étaient héréditaires et souvent aussi injustement distribués que la fortune; cependant, ainsi qu'on prête un capital à un homme, pour qu'il le fasse valoir, ces distinctions héréditaires avaient pour but d'engager ceux qui les possédaient à s'en rendre dignes et à s'illustrer, comme cela arrivait très fréquemment.

Sans prononcer dans cette controverse, mais

aussi sans oublier que, par exemple, l'institution de la Légion-d'Honneur a produit des effets admirables, on ne saurait contester que, sous le régime féodal, les droits étaient des avantages réels, par le fait inhérens à la personne et indépendans des cruelles oscillations de la fortune, tandis que les droits de la plupart des Français dépendent de leur situation financière, et qu'une faillite, un incendie ou d'autres accidens peuvent les anihiler du jour au lendemain, et sont d'ailleurs des charges onéreuses, pour ne pas dire des mystifications.

« Je suis électeur : au moment des élections
» il me faut employer mon temps à me transporter à mes dépens au collége électoral ;
» je nomme pour député un patriote, un
» homme capable ; mais il est évincé par un
» candidat qui a plus de savoir faire. »

« Dans ce moment je suis peuple sujet,
» j'obéis ; mais cela s'appelle être libre !

» Je deviens député et membre d'une minorité
» dont les principes sont ceux de la nation,
» dominée par un parti. On repousse tous
» mes amendemens, on m'interrompt, on me
» rappelle à l'ordre ; enfin, le résultat le plus

» positif de ma députation est d'avoir passé
» dispendieusement six mois de chaque année
» à Paris, loin de ma famille, et de trouver
» mes affaires dérangées, ma femme infidèle
» et ma fille séduite. La liberté l'a voulu.

» Je suis juré : j'ai l'habitude de me lever
» tard ; d'ailleurs, les débats judiciaires m'af-
» fectent péniblement, et l'air vicié de la salle
» d'audience suffirait pour me faire trouver
» mal. Je ne me présente pas, ou j'arrive trop
» tard ; me voilà à l'amende de 500 francs,
» pour avoir négligé l'exercice d'un de *mes*
» *droits !* Il vaudrait mieux dire : *l'exercice*
» *des droits de la société sur moi.*

» Je suis garde national : mon équipement
» me coûte 300 francs ; je fais une lettre-de-
» change de cette somme à mon tailleur ;
» mais, ruiné et dépourvu de moyens de l'ac-
» quitter, il me faut passer cinq ans à Sainte-
» Pélagie, où, heureusement, je meurs dès la
» quatrième année. Pour cette fois, je suis
» vraiment libre. Ouf ! »

« Sans ce petit incident, je me serais, dès
» ma sortie, fortement récrié contre la nature
» *improductive des droits* actuels des Français.

Je conclus de cet extrait des tablettes d'un

homme positif et de l'ensemble de ma brochure, que notre constitution sociale n'est point si admirable, si supérieure à celle des autres contrées de l'Europe, entre lesquelles il en est plusieurs de mieux administrées que la France (*), que cet ordre social mérite d'être universellement adopté; et qu'une fois que la patrie n'aura plus rien à craindre de l'étranger, l'amélioration de nos institutions civiles et politiques, et la fondation des établissemens dont j'ai signalé la nécessité ou l'utilité, offriront au Gouvernement une vaste et noble carrière à parcourir, et à la nation de nouveaux moyens de prospérité et de splendeur.

Pour ne point me répéter, je n'ai pas fait mention, dans mes *Feuillets supplémentaires*,

---

(*) Il n'est, par exemple, aucune ville ou capitale dans l'univers où, comme à Paris, un tiers de la population meure en prison ou à l'hôpital (en 1830, le nombre de ces malheureux s'est même élevé à deux cinquièmes, par l'effet des évènemens de juillet), et cependant une capitale qui est constamment sous les yeux du Roi, de ses ministres et de l'administration du royaume, dans le pays le plus civilisé du monde, devrait être une ville modèle !

de différentes vues politiques mentionnées dans mon ouvrage de *Paris et Londres comparés*. De ce nombre est la nécessité d'une loi pour restreindre la manie du prosélytisme monacal, qui assombrit l'aspect de la France, noircie d'une multitude de couvens, dont la plus grande partie n'ont aucun objet d'utilité publique. Une loi fortement restrictive de telles associations me paraît indispensable; elle aura l'avantage de scinder heureusement l'époque actuelle de celle de la restauration.

La nouvelle loi sur la garde nationale impose à tout citoyen français, de 20 à 60 ans, non dispensé de ce service, une espèce d'impôt, pour ne pas dire *de corvée*, que j'ai pensé équivaloir à 30 journées de travail. S'il y a quelque exagération à cet égard, sous d'autres rapports on pourrait me reprocher le défaut contraire. Quand on réduirait cette fixation moyenne à 15 jours de travail, même en y comprenant le prix dispendieux de l'équipement, on ne voit pas pourquoi les femmes de 20 à 60 ans, jouissant de quelque aisance, et surtout les filles et les veuves sans enfans, ne seraient pas appelées à servir la nation par des travaux appropriés à leur sexe, en leur laissant la faculté ou de se faire remplacer, ou de payer la valeur d'une journée de travail par mois.

La garde nationale a pour objet *la conservation de l'ordre et des propriétés*. L'institution que je propose serait destinée à faire plus que de garder, *à acquérir, à produire* des objets plus ou moins nécessaires aux classes pauvres; et quand l'ordre sera tellement rétabli en France, que le service de la garde nationale deviendra superflu, on pourrait aussi l'appliquer *à produire* dans l'intérêt général de la nation, à laquelle elle consacrerait plusieurs journées de travail par année, également avec la faculté d'en payer le prix, pour s'acquitter de ce devoir social.

Ce n'est sans doute pas le moment de songer à augmenter les charges de la nation, réduite à mettre ses forêts en gage pour faire face à un budget désastreux et sans exemple.

Le ministre, en parlant des économies qui résultent pour l'état, de la suppression de la garde royale, des troupes suisses, etc., fait sonner bien haut leur évaluation, qu'il porte à 20 millions! C'est là, dit-il, le prix du sang des héros de juillet. Mais si l'effet de cette révolution est d'augmenter le budget d'une somme décuple de celle de cette réduction apparente, qui paraît être l'unique prix de leur vie exposée ou sacrifiée, il faudrait, pour être conséquent, pouvoir tuer neuf fois ceux qui, au lieu d'une économie en partie fictive de 20 millions, nous ont attiré une surcharge de 200 millions; mais je les absous complètement, persuadé qu'ils ne prévoyaient pas que leur sang ne produirait à la nation que des valeurs négatives.

Le ministre annonce que, moyennant ce sacrifice (qui pourrait en nécessiter de pareils pendant quelques années), l'armée sera au complet de 430 mille hommes. Comment cela pourrait-il suffire? Ce ne serait que 10 mille hommes par député à maintenir en place! Sérieusement parlant, cette armée, nouvellement organisée, ne serait point capable de résister aux forces de l'Europe conjurée et lancée sur toutes nos frontières.

La plupart de nos ministres, éblouis de leur récente dignité, semblent ignorer la misère où le peuple est plongé depuis leur *belle révolution*. Peuvent-ils penser que ce peuple, qui du moins, avait de l'ouvrage et jouissait de quelque bien-être avant la résistance opposée aux ordonnances de juillet, se laissât massacrer par les cohortes innombrables des nations du nord, qui viendraient lui proposer pour chef un innocent et malheureux enfant, né du sang de Henri IV?

Puisqu'un digne monarque occupe le trône, je suis loin de désirer le retour de cet infortuné; mais il ne pourrait, si jeune encore, inspirer personnellement aucune antipathie; et d'ailleurs sous notre Charte constitutionnelle, l'influence du souverain est tellement neutralisée, que le sort de la nation est presque uniquement entre les mains de ses ministres et des chambres. Ainsi, dans le cas où les étrangers pénétreraient dans le sein de la France, les populations, hormis celle de Paris, témoin et victime des massacres de juillet, ne les repousseraient peut-être que faiblement. Il serait donc hautement dans l'intérêt du Gouvernement actuel, si la guerre devenait imminente, de l'éloigner du sol français, et de porter, à tout prix, l'effectif de l'armée de ligne à 800 mille hommes, de faire une trouée et de pénétrer jusqu'à Madrid; de délivrer l'Italie, et de tenter d'ébranler et d'enchaîner jusqu'au colosse russe, avec l'appui d'un million de garde nationale mobile, du nom si puissant de Lafayette et du titre de libérateurs. C'est un premier devoir, en cas de guerre, d'en porter le théâtre sur le territoire étranger; et, d'ailleurs, le Français est bien meilleur pour l'attaque que pour la défense, parce que l'enthousiasme fait sa force, et qu'il ne trouve pas assez de gloire à se tenir sur la défensive.

Tout le monde se rappelle que lorsqu'à la séance des députés, Charles X sortit fort agité, il laissa tomber son chapeau, que Mgr le duc d'Orléans releva et lui rendit : c'était une espèce de présage dont la moitié s'est réalisée. On dirait que des membres du Gouvernement, en nous traînant dans l'ornière de la restauration, en laissant tout dans un état provisoire et de déception, voudraient, contre le vœu de la France et du Roi, réaliser la seconde partie de ce présage; ce serait, à mon avis, un grand malheur pour la France, qu'une nouvelle invasion achèverait de ruiner. Le préjudice matériel et pécuniaire seulement qui en résulterait pour elle, s'élèverait à près de deux milliards; il n'est donc aucun sacrifice qui doive paraître trop élevé pour réunir toutes les probabilités possibles de succès contre l'étranger. Plus les chances favorables paraîtront assurées, au moyen d'efforts unanimes de tous les citoyens, plus il y aura de facilité à négocier des emprunts et à trouver des ressources de toute espèce.

Au reste, les évènemens des 14 et 15 février, où la violente exaspération du peuple s'est manifestée contre un simple simulacre de couronnement du petit-fils de Charles X, ne laisserait aucun prétexte plausible aux puissances étrangères pour tenter de replacer cette dynastie sur le trône de France; et les partisans de l'ancienne légitimité, dont les efforts tendent à ce but, sont les plus cruels ennemis de cette race infortunée, que, dans l'espoir de satisfaire leur vengeance et leur ambitieuse cupidité, ils voudraient exposer encore à être massacrée; car un mur de fer ne la défendrait pas contre la haine populaire actuelle.

NOTES.

(1) Que dirait-on d'un homme qui courrait dans les rues, environné d'un vaste cadre de la superficie horizontale de 80 pieds carrés, dont les quatre côtés seraient armés extérieurement de lames de poignards? Eh bien, tel est l'homme qui occupe, avec sa voiture et ses chevaux, sur la voie publique, une superficie d'au moins 80 pieds; avec cette différence qu'il serait moins douloureux pour les personnes à pied d'être blessées par la pointe d'un poignard que de se sentir estropier ou mutiler sous les fers des chevaux et les roues d'un char.

Sans doute les voitures de louage offrent le même inconvénient que les voitures privées; mais, pour ne point rappeler ma nouvelle manière de construire les villes, qui exclut tout danger semblable, il faut considérer que les fiacres paient un impôt annuel de 80 fr., (et cette taxe est trop faible à mon avis); les voitures de cette espèce sont d'ailleurs un objet d'utilité publique, tandis que l'homme qui, pour se distinguer, est réduit à publier et à montrer qu'il a voiture, mérite bien que sa sotte vanité soit imposée plus fortement que l'industrie du loueur de voitures. Mais les Pairs et les Députés seraient-ils, par miracle, assez désintéressés pour sanctionner un impôt qui pèserait sur eux ?

Le Préfet de police devrait faire établir des séries de numéros de couleurs distinctives et très visibles pour faire reconnaître les voitures privées et les voitures de louage. Ce sont ordinairement des brillans et rapides équipages qui écrasent impunément les citoyens.

(2) J'ai commencé, dès le mois d'août 1830, à m'occuper de cette brochure, dont l'impression a été retardée par des circonstances indépendantes de ma volonté. Dans quelques parties, la publication de mes vues a été devancée par l'action de l'autorité et par les progrès de la raison publique.

Le pavé dont j'avais proposé la formation dans *Paris et Londres comparés* (pages, 12 et 153) vient d'être déjà adopté à Londres. Voici comment je m'exprimais : « La surface extérieure des pierres composant » le pavé sera plane (actuellement ces pierres présen» tent la surface d'un sphéroïde raboteux, humide et » glissant); les côtés de ces pierres seront taillés de » manière à s'unir étroitement au moyen d'un ciment » indestructible, qui ne permettra pas à la glaise de » s'infiltrer et de salir le pavé. »

Voici maintenant un extrait du nouveau *Journal de Paris*, du 10 novembre 1830. « On a commencé à » Londres, la semaine dernière, l'exécution du *nou» veau pavage qui doit être à l'avenir celui de toutes » les rues de la métropole*. Le pavage consiste en pierres

» oblongues de granit, d'égales dimensions, taillées
» de façon que l'une à côté de l'autre, elles présentent
» une surface exactement unie. Les intervalles sont
» remplis avec un ciment qui, en séchant, devient
» aussi dur et aussi indestructible que le granit lui-
» même. L'espace ainsi pavé forme un corps solide
» et compacte, sur lequel les roues glissent sans laisser
» de traces. Les pierres s'appuient les unes contre les
» autres, et leur emboîtement est si bien combiné,
» que le poids est supporté par toute la masse à la
» fois et ne peut agir sur aucun point en particulier;
» chaque partie du système se lève facilement lorsqu'on
» veut curer les égouts et les conduits d'eau. La partie
» ainsi pavée est la partie inférieure de Saint-James
» street, près du palais. »

C'est une importante amélioration, pour le peuple de Londres, que l'introduction de ce nouveau pavage, qui facilite la rapidité des communications, et fera désormais disparaître la boue et même la poussière des rues. Cette innovation serait encore plus nécessaire à Paris qu'à Londres, où toutes les rues, sans exception, sont dès long-temps pourvues de trottoirs, tandis qu'à Paris il n'y en a qu'un très petit nombre, et encore sont-ils beaucoup trop étroits. Si le Gouvernement sort enfin *de sa longue léthargie*, et daigne un peu s'occuper du peuple et des gens qui, n'ayant pas voiture, pensent qu'il est utile et agréable de faire usage de ses jambes, les habitans de Paris auront enfin *une première preuve matérielle* que la révolution qu'ils ont faite en juillet, ne leur a pas été complètement inutile ou nuisible.

(3) On a proposé de fixer la liste civile du roi d'Angleterre à 920,000 liv. st., à quoi l'on ajouterait 239,000 liv. st. pour la famille royale; d'ailleurs il est notoire que les princes de cette famille occupent habituellement des places extrêmement lucratives.

Le Gouvernement français vient de mettre à la charge de l'État les pensions inscrites sur la liste civile de Charles X, y compris celles des savans et gens de lettres. C'est, jusqu'à un certain point, enlever au roi actuel le titre de protecteur des lettres et des sciences, et par conséquent le déconsidérer, sans qu'il en résulte aucun avantage d'affection publique ou de popularité pour des ministres qui ne font que passer sur la scène politique, souvent sans laisser d'autre souvenir que l'écho des sifflets populaires.

(4) En parlant de journées de travail, on ne doit point, pour fixer l'impôt, compter indistinctement (comme l'a fait M. Lafitte dans son projet de loi de contribution personnelle) un prix unique pour la journée d'un ouvrier maçon, charpentier ou d'un banquier. Dans le taux de 2 fr., je crois avoir fixé avec beaucoup de modération le prix moyen *du produit brut du travail et du revenu journaliers* de tout citoyen de 20 à 60 ans; en comprenant dans cette évaluation, non-seulement le manœuvre à 30 ou 40 sous par journée, mais encore l'industriel, qui gagne 20 fr. par jour, et le millionnaire, qui donnerait volontiers 10 francs et au-delà, pour ne pas passer

vingt-quatre heures au corps-de-garde, à la pluie, au froid ou au soleil, loin de ses enfans, de sa femme, sevré ce jour-là des délices de l'Opéra, et réduit, par l'étiquette, à dépenser sa pièce d'or pour traiter et désennuyer ses camarades du poste.

(5) M. de Montalivet vient de présenter à la Chambre des Députés, non point un projet de loi proclamant la liberté d'élever et d'ouvrir des théâtres, quoique tous ceux que nous possédons soient stupidement mal construits et en général mal placés; mais un projet qui, de quelque manière qu'il soit amendé, ferait désirer aux auteurs et aux directeurs la puissance facultative de soumettre à une censure leurs ouvrages dramatiques, pour échapper aux *rigueurs salutaires de la liberté* : une telle incartade est pour son auteur un arrêt de mort politique.

On dirait que ce petit chef-d'œuvre de mansuétude Peyronnetienne est le cadeau que les ex-ministres ont cru devoir faire à leur jeune continuateur, pour le remercier du soin extrême avec lequel il les a protégés contre le peuple souverain. Si l'on veut faire regretter universellement le règne de Charles X, on n'y a que trop bien réussi : la misère et le mécontement semblent prêts à faire explosion.

On veut encore traîner les auteurs dramatiques, les plus grands poètes de la nation, avec les voleurs et les assassins, devant les cours d'assises, après une longue et cruelle détention préalable; et cependant le gascon Martignac, plus intelligent et plus capable que nos ministres actuels, ne s'est jamais élevé au-delà de la sphère des médiocres vaudevillistes !

M. de Montalivet joue de malheur en matière de théâtre. Il vient de nommer, pour présider à la réorganisation du Théâtre-Français, M. Taylor, ex-directeur failli du théâtre du Panorama dramatique, qui, par son aversion pour la poésie et la tragédie, et sa manie de romantisme, a fortement contribué à la décadence du théâtre et de l'art; et M. Mazères, sous le commissariat duquel la banqueroute du théâtre Richelieu a marché à grands pas. Je suis, au reste, trop impartial pour attribuer uniquement à l'influence des deux commissaires l'infortune du Théâtre-Français; mais, à mon avis, il ne lui faut pas seulement une réorganisation, qui replacerait vis-à-vis du public les mêmes artistes usés, blasés, et les mêmes nullités; il faut une reconstitution et une recomposition presque complètes du personnel de la troupe et de l'administration, avec un directeur ami de notre gloire littéraire.

Les comptes de l'Opéra sont en désordre; cela doit surprendre sous un directeur qui a fait son apprentissage dans les bureaux de la loterie, mais

« Souvent un beau désordre est un effet de l'art. »

Les journaux ont signalé et le public connaît, par exemple, l'abus qui a lieu aux premières représentations. Lorsque la caisse et les bureaux ne distribuent aucun billet, le boulevart est parsemé d'une foule de brocanteurs, qui vendent pour quelques mille francs de billets de service, qu'ils affirment avoir payés 6 fr.; et dont le produit n'est jamais porté dans la recette. Les journaux ont signalé ce trafic scandaleux.

Le ministère de l'intérieur a déjà de trop nombreuses attributions; et comme le ministre actuel convient modestement qu'il n'a pas une tête encyclopédique, il serait utile d'instituer, hors de sa tutelle, une direction protectrice des théâtres de Paris et des départemens. Je crois n'être pas exagéré en demandant qu'elle soit principalement fondée sur une allocation d'un million et demi sur la liste civile; et de trois millions octroyés par le Gouvernement, indépendamment des allocations communales qui, à Paris, devraient former une somme considérable, par égard pour l'éminente influence politique, libérale, instructionnelle, antimonacale et civilisationnelle des théâtres.

(6) Une loi qui serait aussi fort désirable et surtout de circonstance, devrait interdire à tout député sortant la faculté d'être réélu, si ce n'est au moins cinq ans après sa sortie de la Chambre, soit qu'elle eût lieu par l'expiration naturelle du mandat de ce député, soit qu'elle provînt de la dissolution de la Chambre dont il faisait partie.

Cette disposition, toute libérale, serait en harmonie avec l'élément démocratique dont la Chambre des Députés doit être composée; elle faciliterait aux nouvelles capacités l'occasion de se mettre en lumière, et enlèverait aux députés la faculté de s'immobiliser dans la représentation nationale, et de se constituer en une véritable et fâcheuse aristocratie.

(7) Ma famille qui, uniquement par un sentiment d'humanité, a, pendant bien des années, secouru et protégé un grand nombre d'émigrés, a, mieux que d'autres, été à portée d'apprécier leur mérite très superficiel, et leur ingratitude ou leur oubli, qui ne l'étaient pas.

(8) « Si les savans prennent l'expérience pour guide, » qu'à leur exemple, la famille de Charles X (qui, à » la vérité, n'est pas très savante) se borne à la triple » expérience qu'elle a faite de l'incompatibilité qui » existe entre ses goûts, ses habitudes d'ancienne » cour et d'affectation de bigotisme, et les vœux de la » partie éclairée et dominante de la nation.

» Eh! quand cette partie ne paraîtrait à vos yeux » qu'une faction, ne serait-elle pas plus redoutable » que jamais, après le nouveau et l'immense succès » qu'elle vient d'obtenir? Songez qu'elle n'aurait plus » qu'un seul et faible enfant à frapper! Que chaque » année, chaque jour, des chances de mort pèsent sur » sa tête, avant qu'il soit en âge de régner. Qu'on » n'expose pas au poignard d'un fanatique, d'un second » Louvel, l'être innocent qui peut trouver le bonheur » et la gloire hors du trône, mieux que sur le trône. » Qui sait ce que l'inconstance française et la nuit des » temps peuvent offrir de favorable du moins à ses » descendans? »

(9) La Charte, pour être complète, devrait renfer-

mer toute notre législation ; les attributs des autorités civiles, militaires, les pénalités auxquelles la loi les soumettrait, la nomenclature du personnel de l'administration publique, dont l'*Almanach Royal* est le brillant dépositaire ; enfin, les traités d'alliance et de commerce, le tarif des douanes, font réellement partie des conditions d'après lesquelles seules un homme peut dire avec pleine connaissance de cause : *Je veux ou je ne veux pas être Français*. Sans songer à la formation d'une Charte aussi volumineuse, il est évident que la nôtre contient plusieurs lacunes.

Deux manières principales se présentent d'établir la constitution d'un peuple : ou le Roi donnerait une Charte, dont lui-même et la nation jureraient l'observance ; ou la nation proposerait à la sanction du Roi une Charte, dont la principale partie serait composée de la constitution des droits et des devoirs fondamentaux et imprescriptibles des Français, indépendamment de la forme quelconque du Gouvernement et du titre de son chef.

Dans l'un et l'autre cas, les parties contractantes seraient appelées à se concilier sur les articles du pacte fondamental qui seraient sujets à discussion.

Enfin, soit que le pouvoir constituant fût chargé par la nation de tracer lui-même le pacte social, pour le présenter à la sanction du chef du Gouvernement, ou seulement d'approuver et de discuter la Charte proposée par le Roi ; ce pouvoir devrait être distinct des pouvoirs législatifs, et quoique pourvu seulement d'un mandat accidentel, nul de droit aussitôt la constitution organisée, il faudrait qu'il dominât cependant les intérêts particuliers du Roi, de ses ministres et fonctionnaires, et ceux des deux Chambres, dans l'intérêt prépondérant de la nation.

(10) La Chambre des Députés, dans sa loi électorale, vient de stipuler, en faveur de la propriété foncière et industrielle, contre les intelligences. Il est enfin question de la dissoudre; craint-on de donner par là une satisfaction aux carlistes? Ce serait bien se tromper, puisque la nation appelle à les remplacer des hommes moins insensibles au malheur du peuple.

Il faut remarquer qu'en vertu de cette loi, à l'époque où, dépouillé de ses biens, il n'avait d'autres ressources pour exister que de donner des leçons de Mathématiques, Louis-Philippe d'Orléans n'aurait pas même été électeur! Voilà qui est fort rassurant pour les personnes qui aspirent à la royauté, et qui ne sont ni électeurs ni éligibles.

J'ai dû m'exprimer avec modération dans la première partie de cet écrit, adressée à S. M. le Roi des Français; mais c'est un devoir de ne point dissimuler le mécontentement universel qui résulte,

1°. De ce que le Gouvernement ni la ville ne s'occupent d'aucunes améliorations matérielles, si urgentes à Paris, et qui donneraient de l'ouvrage aux classes laborieuses;

2°. De ce que le ministère présente un budget ruineux pour l'État, soit par son énormité, soit par des moyens désastreux d'y faire face;

3°. De l'oubli des promesses de l'Hôtel-de-Ville;

4°. Et enfin, de l'impudence avec laquelle les créatures de Polignac et de la congrégation conservent leurs places.

Si le Gouvernement est assez aveugle pour persister dans cet inconcevable système de déceptions à l'égard du peuple auquel, *seul,* il doit son existence, ce même peuple, dont l'action extra-légale a obtenu tant d'ovations et de couronnes, achèvera lui-même son ouvrage, ou, tel qu'un homme souffrant qui se retourne dans son lit pour changer de douleur sans améliorer son sort, il punira du moins ceux qui ont cruellement trompé son attente. La république sera proclamée, et il ne faudra accuser de l'anarchie et des maux qu'elle entraînera que l'impardonnable apathie du Gouvernement; car le peuple ne se sera soulevé que par l'excès de sa misère et de sa juste exaspération. Si le pouvoir est sourd à tous les avertissemens qu'il reçoit, il y aurait de l'imprudence à assurer, même pour six mois seulement, la liste civile de S. M. Louis-Philippe, à 50 pour cent de prime.

Toute la popularité du roi de Hollande, qui était encore plus abordable que le Roi des Français, n'a pu le sauver de la haine qu'un de ses ministres a attirée sur lui; le poète roi de Bavière est menacé du même sort. Puisse le monarque vertueux qui, à tant de titres, a la vénération des Français et de l'humanité entière, se débarrasser, tandis qu'il en est encore temps, des ministres, des députés et des créatures hypocrites, habits retournés de la restauration, qui semblent ne se placer entre son peuple et lui que pour les séparer à jamais.

Une mère de famille qui, après avoir consacré la moitié de la journée à caresser son fils aîné, et à lui prodiguer des friandises, au lieu d'employer le reste du jour à dédommager ses autres enfans de cet oubli cruel, se bornerait à leur donner quelques marques accidentelles de bienveillance, manquerait à ses devoirs et se priverait des plus douces jouissances; de même les gouvernemens qui n'ont jusqu'ici veillé qu'à la conservation de la richesse et du luxe abusif des gens fortunés, commettent une grande faute en ne portant pas presque exclusivement leur attention à réparer leur injustice envers les classes pauvres, auxquelles, dans peu d'années, on pourrait rendre le bonheur, la dignité et le bien-être, dont elles sont privées par l'extrême imperfection de notre état social. Le premier pas vers cette amélioration sera de donner à la totalité des Français des deux sexes une éducation qui *multipliera indéfiniment les jouissances et les ressources de la grande famille nationale,* et la préservera des désordres qui naissent de ce qu'une foule d'hommes, sans instruction, sont dans la société comme des bêtes féroces, qu'un instituteur aurait pu apprivoiser et rendre utiles. C'est un plan que je développerai dans une prochaine brochure.

(6 *Mars.*) L'autorité, que depuis si long-temps les *Journaux,* mes *Brochures* et ma *Correspondance*

invitaient à donner de l'ouvrage aux classes pauvres, vient enfin d'ordonner quelques travaux, qui, sans doute, ne seront pas inutiles. De ce nombre est l'abaissement du boulevart Bonne-Nouvelle. Sous le règne de Charles X on a également abaissé le boulevart Saint-Martin, on a de plus placé des dalles sur les boulevarts du nord; grâces à tous ces abaissemens, messieurs les ministres n'auront plus d'inquiétudes....., lorsque leurs chevaux devront gravir les boulevarts. Mais quant aux nombreuses mesures d'assainissement et d'amélioration pour les gens à pied, il n'en est pas même question!

On va construire une nouvelle prison, et peut-être davantage; car toutes celles que nous avons le bonheur de posséder regorgent de condamnés et de prévenus, au nombre desquels figurent nombre de vainqueurs de juillet.

C'est encore une chose digne de remarque, que sous la monarchie absolue, Voltaire et Lafontaine conservaient leurs places à l'Académie française, lorsqu'ils publiaient impunément des œuvres plus que licencieuses, dont le moindre fragment entraînerait aujourd'hui une condamnation, et que lors de la prise de la Bastille, on n'y trouva que sept prisonniers; tandis que des centaines de prévenus de délits politiques gémissent actuellement à l'ombre du bonnet..... de nuit de la liberté!

Ce qu'il y a d'encore plus extraordinaire, c'est que nous devons uniquement à ces malheureux d'être délivrés de l'administration des pédagogues (en attendant que nous le soyons de celle des agioteurs et des avocats), de ne plus redouter l'audace envahissante des prêtres, et d'avoir la perspective de quelques améliorations matérielles imperceptibles. On dirait que notre administration somnolente ne s'éveille et ne marche qu'à coups d'émeutes!

FIN.

TABLE

DES MATIÈRES.

ERRATA.

Pages 14. suites funestes (3). C'est par erreur qu'on a placé là ce chiffre, qui devrait se trouver à la page 47, après ces mots : *Palais de Saint-James*

ibid. de tout autre chose, *lisez* de toute autre chose

23. appelés à leur donner officieusement leur avis, *lisez* appelés à donner officieusement leur avis

32. voyez des milliers d'hommes qui volent sans effroi à une mort presque certaine, *lisez* voyez des milliers d'hommes qui, dans les combats, volent sans effroi à une mort presque certaine

40. considérable, *lisez* considérables

99. du Roi restaurateur, *lisez* du Roi législateur

135. à 30 journées de travail, *lisez* à 30 journées de travail par année

www.ingramcontent.com/pod-product-compliance
Ingram Content Group UK Ltd.
Pitfield, Milton Keynes, MK11 3LW, UK
UKHW012222240726
13966UKWH00003B/897

9 782012 472716